ESG 金融
理论实践与投资赋能

伦嘉云　贾思军　黄文启◎著

电子工业出版社
Publishing House of Electronics Industry
北京·BEIJING

内 容 简 介

随着环境问题日益严峻、社会对企业社会责任关注度及治理要求的提高，投资者越来越重视环境（Environmental）、社会（Social）和治理（Governance）因素对投资的影响。这促使金融领域将 ESG 理念融入投资中，在投资决策、金融产品创新等方面践行 ESG 原则。

本书详述了 ESG 金融相关知识，共 12 章，可分为三部分。1～4 章解析 ESG 基础知识与底层逻辑，揭示其本质、价值、生态圈及在金融环境中的重要地位，同时探讨国际市场趋势与国内发展潜力，并详述信息披露机制与评级体系。5～6 章聚焦金融科技与 ESG 的融合，介绍金融科技转型新形势及其基础架构，探讨其如何赋能 ESG，并深入分析绿色债券、ESG 主题基金等金融业务实践。7～12 章则全面剖析 ESG 投资，从背景、趋势到项目挖掘、策略设计、尽职调查、价值分析，直至投后管理，为投资者提供系统指导，助力实现 ESG 投资的可持续增值。

本书面向对金融投资领域感兴趣，尤其是想要深入了解 ESG 投资的专业人士、投资者及金融领域的研究者，为他们提供了系统且丰富的 ESG 知识。

未经许可，不得以任何方式复制或抄袭本书之部分或全部内容。
版权所有，侵权必究。

图书在版编目（CIP）数据

ESG 金融：理论实践与投资赋能 / 伦嘉云，贾思军，黄文启著. -- 北京：电子工业出版社，2025.5.
ISBN 978-7-121-50210-1
Ⅰ. F83；X196
中国国家版本馆 CIP 数据核字第 2025JG5691 号

责任编辑：刘志红（lzhmails@phei.com.cn）　　特别编辑：王雪芹
印　　刷：三河市鑫金马印装有限公司
装　　订：三河市鑫金马印装有限公司
出版发行：电子工业出版社
　　　　　北京市海淀区万寿路 173 信箱　邮编　100036
开　　本：720×1 000　1/16　印张：11.75　字数：188 千字
版　　次：2025 年 5 月第 1 版
印　　次：2025 年 5 月第 1 次印刷
定　　价：69.80 元

凡所购买电子工业出版社图书有缺损问题，请向购买书店调换。若书店售缺，请与本社发行部联系，联系及邮购电话：（010）88254888，88258888。
质量投诉请发邮件至 zlts@phei.com.cn，盗版侵权举报请发邮件至 dbqq@phei.com.cn。
本书咨询联系方式：（010）88254479，lzhmails@phei.com.cn。

PREFACE 前言

在当今复杂多变且充满挑战的金融世界中，ESG 金融正快速崛起，并逐渐成为引领金融领域发展的重要力量。ESG 理念的兴起与深化实践，反映了社会各界对企业履行社会责任、实现环境可持续性以及良好治理的迫切需求和高度关注。

本书宛如一把钥匙，能够引领读者探索 ESG 金融的奥秘。从对 ESG 的基础认知出发，本书深入剖析其内涵，揭示 ESG 如何从单一概念逐步发展为影响金融决策的关键因素。书中还对市场进行全方位的分析，展现 ESG 投资在国际市场上的风起云涌以及在国内市场所蕴含的巨大发展潜力。通过详尽的解读和阐述，本书力求为读者呈现 ESG 金融的全貌，助力其做出更加明智和可持续的金融决策。

ESG 不是一个简单的概念，它有着丰富的内涵。在基础认知层面，我们需要深入理解什么是 ESG，它在价值分析中发挥着怎样的作用，其构建起的生态圈又是如何运作的。无论是可持续发展架构的搭建，还是以 ESG 治理赋能普惠金融的实践，都展现了 ESG 在金融环境下降低风险、保护金融健康及推动可持续发展的重要意义。

在市场层面，国际市场上 ESG 投资已成为主流，投资者不断加大投入，市场体系逐渐完善，ESG 投资的价值不断被验证。而在国内，"双碳"战略引领着 ESG 的发展，越来越多的企业开始接受这一理念，纷纷加大在这一领域的投资布局。

信息披露作为 ESG 全链路中的一个关键环节，具有多重意义。它不仅能衡量企业的 ESG 表现，还能帮助企业识别风险和机会。从国际、国内及交易市场等多层面来看，信息披露要求各不相同，但都是为了打造完善的信息流。而在信息披露过程中，将其提高到战略高度、避免"自娱自乐"以及运用精彩案例使其更"丰满"是至关重要的。

指标和评级体系则是保护 ESG 金融安全的坚实盾牌。众多的关键指标，如

KLD（Kullback-Leibler Divergence）指标、ASSET4 指标等，以及复杂的评级流程和评级工具与机构，共同构成了一个全面而严谨的评级体系。金融机构作为这一体系的重要参与者，在其中发挥的重要作用不容忽视。

金融科技与 ESG 的结合，为 ESG 格局带来了新的变革。云计算、大数据、人工智能、区块链等前沿技术的快速发展，为 ESG 提供了强有力的技术支撑。在这个科技日新月异的时代，如何更好地利用金融科技赋能 ESG，以及加强金融科技监管，确保其在正确轨道上前行，是 ESG 领域与金融科技领域共同面临的重大课题与挑战。

ESG 金融业务实践为金融领域摆脱利润困境提供了新的途径。绿色债券、ESG 主题基金、理财产品和保险资管产品等的发展，充分彰显了 ESG 在金融业务中的广泛应用与无限潜力。

尤为值得关注的是，ESG 投资已然成为绿色经济浪潮中的新兴投资热点。通过深入剖析 ESG 投资的背景、特征及发展趋势，并结合摩根大通等业界巨头的经典投资案例，我们不难发现 ESG 投资所蕴含的巨大市场潜力与价值空间。

在 ESG 投资火热的当下，投资者正积极寻求转型，以适应"双碳"目标的时代要求。这一转型不仅揭示了新能源领域所蕴藏的超凡价值，同时也暴露出底层数据稀缺、评级体系本土化等亟待解决的痛点问题。

在策略选择与设计方面，投资者面临着筛选类、整合类及参与类等多种策略路径。投前尽职调查对于降低投资风险至关重要，可以帮助投资者更好地识别目标企业在环境、社会和治理等方面的风险。价值分析与量化能有效避免投资者的决策失误，而投后管理与增值则是打开复利大门的关键。

通过阅读本书，读者不仅能够全面系统地掌握 ESG 金融的理论知识，还能从丰富的实践案例与经验总结中汲取智慧与灵感。无论是金融从业者、投资者、企业管理者，还是对 ESG 金融感兴趣的人士，都能在本书中找到属于自己的宝贵财富。让我们携手共进，在 ESG 金融的广阔天地中探索前行，为实现金融与社会的可持续发展共同努力。

CONTENTS 目 录

第1章 ESG认知：洞悉ESG本质与内涵 ·················· 001

1.1 你真的了解ESG吗 ·· 002
    1.1.1 什么是ESG ·· 002
    1.1.2 价值分析：ESG有什么作用 ······························ 004
    1.1.3 丰富的ESG生态圈 ··· 006
    1.1.4 小鹏汽车：建立ESG可持续发展架构 ················· 007

1.2 ESG在金融环境下的重要性 ··································· 008
    1.2.1 降低金融风险 ·· 008
    1.2.2 保护金融健康 ·· 009
    1.2.3 推动金融可持续发展 ······································· 010
    1.2.4 中信银行以ESG治理赋能普惠金融 ···················· 012

第2章 市场分析：解读ESG全球发展现状 ················ 014

2.1 国际市场：ESG投资成为金融界主流 ······················· 015
    2.1.1 投资者加大ESG投资力度 ································ 015
    2.1.2 ESG投资市场逐渐完善和统一 ·························· 016
    2.1.3 ESG投资的价值被验证 ··································· 017
    2.1.4 黑石集团：持续在ESG领域布局 ······················ 018

2.2 国内市场：ESG发展潜力巨大 ································· 020
    2.2.1 "双碳"战略引领ESG发展 ······························· 020

2.2.2　更多企业开始接受 ESG 理念 ……………………………………021
　　2.2.3　披露要求不断提高，金融风险降低 …………………………023
　　2.2.4　蒙牛乳业：ESG 推动可持续发展 ……………………………025

第 3 章　ESG 信息披露机制：标准和温度并存 ……027

3.1　信息披露有什么意义 …………………………………………………028
　　3.1.1　现状与趋势分析：信息披露如何发展 ………………………028
　　3.1.2　衡量企业的 ESG 表现 …………………………………………030
　　3.1.3　借助 ESG 相关信息识别风险和机会 …………………………031

3.2　多层面了解信息披露要求 ……………………………………………032
　　3.2.1　国际层面：打造 ESG 价值链的"信息流" ……………………032
　　3.2.2　国内层面：力争实现信息"全覆盖" …………………………033
　　3.2.3　交易市场层面：不断完善信息披露体系 ……………………035

3.3　关于信息披露的三个重点 ……………………………………………036
　　3.3.1　将信息披露提升至战略高度 …………………………………037
　　3.3.2　做信息披露不能"自娱自乐" …………………………………038
　　3.3.3　精彩案例使信息披露报告更"丰满" …………………………039

第 4 章　ESG 指标和评级体系：保护金融安全 ……041

4.1　指导 ESG 战略的关键指标 ……………………………………………042
　　4.1.1　KLD 指标 ………………………………………………………042
　　4.1.2　ASSET4 指标 …………………………………………………043
　　4.1.3　FTSE4Good 指标 ………………………………………………044
　　4.1.4　汤森路透指标 …………………………………………………045
　　4.1.5　 DJSI 指标 ………………………………………………………046
　　4.1.6　Refinitiv 指标 …………………………………………………047

        4.1.7　世界银行指标 048

　　4.2　ESG 评级流程 049

        4.2.1　ESG 评级是"伪君子"的"武器"吗 049

        4.2.2　ESG 评级涉及哪些流程 050

        4.2.3　金融机构在 ESG 评级中的作用 051

　　4.3　常见 ESG 评级工具与机构 052

        4.3.1　标准普尔道琼斯指数 052

        4.3.2　MSCI 指数：多维度分析企业 053

        4.3.3　恒生：重视 ISO 标准 054

        4.3.4　富时罗素：聚焦 ESG 数据 055

第 5 章　金融科技与 ESG：撬动 ESG 新格局 057

　　5.1　新形势下的金融科技转型 058

        5.1.1　金融科技的发展和变革 058

        5.1.2　ESG 理念与金融科技完美契合 059

        5.1.3　维信金科：金融科技与 ESG 的"碰撞" 060

　　5.2　金融科技基础架构分析 061

        5.2.1　云计算 062

        5.2.2　大数据 063

        5.2.3　人工智能 064

        5.2.4　区块链 065

        5.2.5　物联网 066

        5.2.6　火爆的 ChatGPT 与 AIGC 067

　　5.3　科技时代，金融科技赋能 ESG 068

        5.3.1　金融科技如何为 ESG 赋能 068

        5.3.2　注意事项：加强金融科技监管 070

5.3.3 陆金所控股：创新"乡村振兴+生态守护+碳中和"模式 ········· 071

第6章 ESG金融业务实践：摆脱利润困境 ········· 073

6.1 绿色债券 ········· 074
6.1.1 绿色债券的定义与分类 ········· 074
6.1.2 发行端与投资端 ········· 075
6.1.3 抓住收益挖掘机会 ········· 076

6.2 ESG主题基金 ········· 077
6.2.1 ESG主题基金相关背景 ········· 077
6.2.2 关键要素：产品+收益+行业配置 ········· 078
6.2.3 重视长短期业绩和风格 ········· 079

6.3 ESG理财产品 ········· 080
6.3.1 ESG理财持续升温 ········· 080
6.3.2 ESG理财产品的特征 ········· 081
6.3.3 分类了解ESG理财产品 ········· 083
6.3.4 ESG理财产品面临的三大挑战 ········· 084

6.4 ESG保险资管产品 ········· 085
6.4.1 ESG助力保险资管领域转型 ········· 085
6.4.2 ESG保险资管产品发展现状 ········· 086
6.4.3 "固收+"为主要关注点 ········· 087

第7章 ESG投资：绿色时代新投资风口 ········· 088

7.1 热门的ESG投资到底是什么 ········· 089
7.1.1 背景分析：ESG投资为什么能发展 ········· 089
7.1.2 ESG投资规模持续扩大 ········· 090
7.1.3 ESG投资的特征——主动参与 ········· 092

目 录

7.2 ESG 投资：左手责任，右手效益 ……………………………………………… 093
  7.2.1 做 ESG 投资，要责任还是要效益 ………………………………… 093
  7.2.2 基础设施尚待建设和完善 …………………………………………… 094

7.3 ESG 投资趋势分析 ……………………………………………………………… 095
  7.3.1 监管政策和信息披露机制逐渐完善 ………………………………… 096
  7.3.2 ESG 投资将获得高速增长 …………………………………………… 097
  7.3.3 多元化发展：参与主体+决策要素+评级 ………………………… 098

7.4 经典 ESG 投资案例——摩根大通 …………………………………………… 099
  7.4.1 ESG 投资理念：理性且负责任 ……………………………………… 100
  7.4.2 ESG 架构与决策机制的建立 ………………………………………… 100
  7.4.3 ESG 投资的要点 ……………………………………………………… 101

7.5 ESG 值得发展与投资的可持续能源 …………………………………………… 103
  7.5.1 ESG 说明绿色电力即国力 …………………………………………… 103
  7.5.2 ESG 与绿氢投资的关系 ……………………………………………… 104
  7.5.3 ESG 说明地球健康与人类寿命的关系 ……………………………… 105
  7.5.4 ESG 与气味医学投资的关系 ………………………………………… 106

第 8 章　投资项目挖掘：朝目标不断进击 …………………………………… 108

8.1 投资者纷纷向 ESG 投资转型 …………………………………………………… 109
  8.1.1 机构投资者的转型方案 ……………………………………………… 109
  8.1.2 必备工具：UNPRI 六大原则 ………………………………………… 110

8.2 "双碳"目标下的投资机会 ……………………………………………………… 112
  8.2.1 2020—2060 年：从碳达峰到碳中和 ………………………………… 113
  8.2.2 四大降碳抓手背后的投资机会 ……………………………………… 114
  8.2.3 正确看待碳交易体系 ………………………………………………… 115

8.3 发现新能源的超级价值 ………………………………………………………… 116

8.3.1　新能源是一项重要发现 117
　　　8.3.2　新能源投资市场渐趋火爆 118
　　　8.3.3　一级市场如何投资新能源项目 119
　8.4　痛点分析：找到投资机会不容易 120
　　　8.4.1　ESG底层数据比较匮乏 120
　　　8.4.2　主流ESG评级体系未实现本土化 121
　　　8.4.3　如何打造本土化ESG评级体系 122

第9章　策略选择与设计：掌握游戏规则 124

　9.1　筛选类策略 125
　　　9.1.1　负面剔除 125
　　　9.1.2　正面筛选 126
　9.2　整合类策略 128
　　　9.2.1　ESG整合 128
　　　9.2.2　可持续发展主题投资 129
　9.3　参与类策略 131
　　　9.3.1　企业参与及股东行动 131
　　　9.3.2　影响力/社区投资 133

第10章　投前尽职调查：将风险降到最低 135

　10.1　尽职调查必不可少 136
　　　10.1.1　为什么ESG尽职调查如此重要 136
　　　10.1.2　ESG尽职调查的关注角度 137
　　　10.1.3　投资者面临的尽职调查难题 139
　10.2　ESG投资尽职调查关键环节 141
　　　10.2.1　收集信息：访谈或实地考察 142

        10.2.2 选择对标企业：与相似企业做对比 144
        10.2.3 分析ESG表现：明确是否投资 145
    10.3 通过尽职调查识别风险 147
        10.3.1 气候风险：警惕"黑天鹅"事件 147
        10.3.2 社会型风险：巨额罚单背后的隐患 148
        10.3.3 治理型风险：财务欺诈不可取 149
        10.3.4 毕马威：协助某私募股权基金收购全球领先制造企业 150

第11章 价值分析与量化：避免决策失误 152

11.1 ESG投资与价值分析 153
    11.1.1 贯穿ESG投资流程的价值分析 153
    11.1.2 ESG评级与股价反应 154
    11.1.3 关注企业的信息披露情况 155
11.2 关于价值量化的三个理论 157
    11.2.1 利益相关者理论 157
    11.2.2 信号传递理论 158
    11.2.3 托宾Q理论 159
11.3 价值量化流程及实践 160
    11.3.1 做好价值量化的7个步骤 161
    11.3.2 绿色环保行业咨询机构的价值量化经验 163

第12章 投后管理与增值：打开复利大门 164

12.1 想增值，投后管理必不可少 165
    12.1.1 如何分析投后管理的投入产出比 165
    12.1.2 如何提高投后管理能力 166
12.2 投资者为ESG投资赋能 168

12.2.1　协助企业制定 ESG 目标 ···168
  12.2.2　打造 ESG 价值创造架构 ···169
  12.2.3　平衡企业的 ESG 表现与财务表现 ·································170
  12.2.4　自我管理：做好退出准备 ··171
 12.3　终极目标：实现可持续增值 ···172
  12.3.1　回报可持续才有吸引力 ··173
  12.3.2　思考：企业有可持续性因子吗 ·······································174
  12.3.3　可持续增值的衡量工具 ··174

第1章 ESG 认知：洞悉 ESG 本质与内涵

ESG 是近年来一个炙手可热的发展理念与行动指南，也是绿色经济在宏观市场层面和微观组织层面的具象投射。它高度契合"双碳"（碳中和+碳达峰）目标，满足当下新质生产力时代对节能减排的需求，能够指导企业及其他利益相关方挖掘内生动力，实现健康成长。

1.1 你真的了解 ESG 吗

随着"双碳"政策在国家层面不断实施，ESG 浪潮席卷了各大企业。很多企业将 ESG 表现视为"第二张"财务报表，并积极开展 ESG 体系建设，制定 ESG 战略，高薪招聘 ESG 人才。例如，知名车企奥迪发布"Vorsprung 2030"战略，将 ESG 作为关键行动领域，并将 ESG 理念融合到所有与经营和管理相关的决策中。

从整体上看，虽然 ESG 很受重视，但它发展的时间不是很长，仍然有很多企业对它一知半解。想要入局 ESG 领域的企业需要高度关注并解决 ESG 是什么、ESG 有什么价值、ESG 生态圈由谁组成等重要问题。本节就来详细拆解这些问题，带领大家了解 ESG 基础知识。

1.1.1 什么是 ESG

2004 年，联合国全球契约组织发布《Who Cares Wins》报告，正式提出 ESG 的概念，倡导企业不应该只注重单一的盈利指标，而是要从环境、社会、治理等多个方面追求长久、稳定的可持续发展。2015 年 12 月 12 日，随着全球性气候变化应对协议《巴黎协定》的签订，ESG 开始在全球范围内普及，对企业产生的影响越来越深刻。近几年，随着节能减排成为全球共识，以及低碳经济不断发展，ESG 的重要性日益凸显，成为一个热门话题并频繁地出现在各大媒体的报道中。

那么，到底什么是 ESG？ESG 的英文全称为 Environment、Social and Governance，即环境、社会和治理。简单地说，ESG 是从环境、社会和治理三个维度评估运营与发展的可持续性，以及企业对社会价值观念的影响，ESG 的内涵如图 1-1 所示。

第1章
ESG 认知：洞悉 ESG 本质与内涵

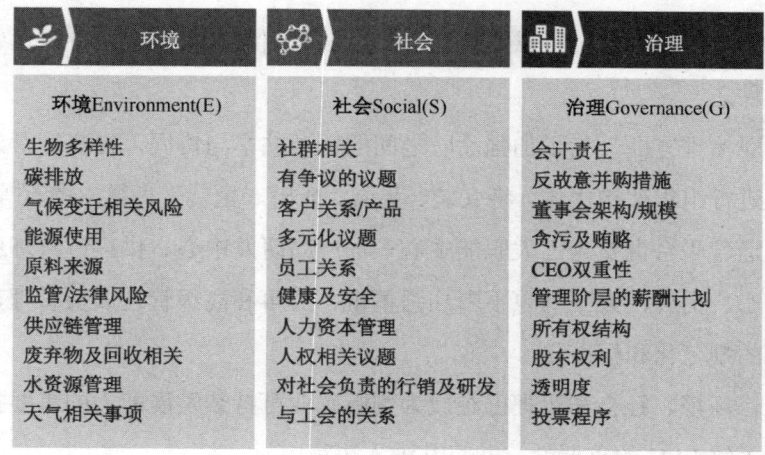

图1-1 ESG 内涵

（1）环境（Environment）。环境方面的内容主要包括生物多样性、碳排放、能源使用、供应链管理、废弃物及其回收相关事项、天气相关事项等。这些内容与碳中和、碳达峰的战略方向是一致的，有利于更好地平衡企业发展与环保之间的关系。

以碳排放为例，为了减碳，时尚零售品牌太平鸟安装光伏发电设备供大楼使用，并在方案设计、建材生产、施工建造、拆解、回收等阶段高度重视减少碳排放总量这一问题。同时，太平鸟倡导环保的绿色办公模式，严格防止和控制对企业所在地区的环境造成不良影响。

（2）社会（Social）。社会方面的内容主要包括社群相关事项、员工关系、健康及安全、人权相关议题、对社会负责的行销及研发等内容。在社会方面，企业要积极承担更多的社会责任，保护好自己、员工、政府、客户、公众等多个实体的利益，集合各方力量实现可持续发展。

还以太平鸟为例，其连续多年为有需求的地区捐助物资，并设立太平鸟公益基金会，聚焦医疗、教育、就业等多个领域。此外，太平鸟还将蜡染工艺应用到服装生产中，带动相关地区的经济发展和产业链升级。

（3）治理（Governance）。企业治理与运营决策、战略规划、组织机制等息息相关，主要包括会计责任、董事会架构／规模、管理阶层的薪酬计划、股东权利等内容。企业治理到位，可以避免企业陷入法律纠纷，是企业可持续运营与发展的必要条件之一。

在企业治理方面，为了加强品牌之间的资源共享与协同，提高运营效率，太平鸟积极进行组织架构优化，将女装、男装、乐町、童装、鸟巢、物流等事业部，以及线上运营平台调整为三大职能中心——产品研发中心、供应链管理中心、零售运营中心。另外，太平鸟也不断加强董事、监事和高级管理人员管理，以实现管理阶层的规范化和标准化。

如今，环境、社会和治理已经成为判断企业可持续发展能力的重要指标。企业要深入了解ESG的重要性，并将其纳入决策中。

1.1.2 价值分析：ESG有什么作用

当ESG的发展逐渐驶入快车道后，越来越多企业开始重视ESG。从客观上来说，ESG方面的投入不低，不仅会大幅提高企业的综合成本，甚至还可能影响企业的短期利润。但随着时间的推移，ESG方面的投入会获得正向回报，其价值将充分地展现出来。

价值一：节约成本，避免无效浪费。

很多企业都存在废水、固体废物、未售出的产品等废物，消耗了很多成本。而ESG倡导"再利用、减少和再循环"的可持续原则，有利于督促企业通过减少能源和材料浪费、整合使用回收材料来降低成本，避免无效浪费。

例如，为了避免浪费，保护环境，制造企业3M（明尼苏达矿业制造公司）推行污染防治投资项目，并积极采取修改产品配方、创新制造工艺、重新设计生产设备、重复使用资源等措施。这些措施有助于减少潜在的浪费，为3M节省了很多成本。

价值二：树立品牌形象，获得品牌溢价。

保护环境、履行社会责任、完善治理等措施可以帮助企业在公众心目中树立

第1章
ESG认知：洞悉ESG本质与内涵

良好的品牌形象，获得品牌溢价。这对保证企业的市场地位和竞争优势，实现利润最大化都大有裨益。知名会计师事务所普华永道的一项研究显示，目前大多数用户的可持续消费意识正在觉醒，他们容易被有ESG属性的品牌吸引，也非常愿意为有ESG属性的产品或服务支付一定的品牌溢价。如果产品或服务符合他们的价值主张，那么他们能接受的品牌溢价还会更高。

价值三：优化财务表现，提高股东的回报。

ESG与企业的财务表现之间是正向关系，换言之，ESG可以通过多种方法，如加强供应链管理、完善客户/员工关系等，影响企业的财务表现，帮助企业提高收益，保证股东回报。例如，某企业人力资源管理非常到位，在吸引员工、员工留任率与满意度等方面有优势，员工的归属感和认同感很强。基于此，该企业可以有效避免员工流动率高和内部组织冲突而引发的风险，从而激发员工积极性，增加销售业绩、综合利润以及股东分红。

价值四：降低风险，保证发展稳定性。

近年来，气候变化、供应链危机等ESG相关风险并不少见，对企业的业绩、收益产生严重影响。打造完善的ESG体系，能助力企业识别风险并积极采取相应的解决措施。例如，在环境方面，ESG体系可以督促企业识别自己在环保、资源使用等方面存在的问题，帮助企业尽快实施应对方案，保证企业正常运营和稳定发展。此外，企业定期披露ESG报告，监管机构就能提前识别风险并及时介入，企业也可以在风险发生或扩散前就及时采取措施。

价值五：解决融资问题，优化资本市场。

如今，越来越多投资者关注企业的可持续发展能力，将ESG视为企业的核心竞争力之一，甚至会通过ESG评估企业的股价、预测自己的投资风险和回报。例如，有些投资者一旦找到了合适的投资标的，就会收集大量与投资标的相关的ESG信息，并据此做出最终的决策。因此，企业要重视ESG战略，积极对外展示自己在可持续发展方面所做的工作，及时进行ESG信息披露，以吸引更多投资者，降低融资成本。

综上所述，对于企业来说，ESG 不只是虚无缥缈的情怀和梦想，也不是所谓的"面子工程"，而是真正可以提高企业价值，推动企业实现长久发展的创新实践。

1.1.3 丰富的 ESG 生态圈

ESG 生态圈是一个综合性的框架，由 ESG 利益相关方组成，能够为他们提供有效、公开、定期沟通的渠道。这些利益相关方主要包括企业、投资者、政府、国际组织、第三方机构与服务商等。

（1）企业。企业是 ESG 执行者，以践行 ESG 政策为主要任务。随着监管趋严和环保标准提高，企业践行 ESG 政策可以降低违规成本，加速转型进程，控制金融风险，同时获得良好的社会声誉，促进自身可持续发展，进一步扩大盈利空间。

（2）投资者。投资者包括投资机构、保险公司、个体投资者等，他们通过直接投资金融机构开发的 ESG 产品或制定自有的 ESG 投资策略进行 ESG 投资实践。

（3）政府。政府在 ESG 生态圈中的职责是加强政策指导，完善市场基础设施建设，推动其他利益相关方向着共同目标迈进。

（4）国际组织。国际组织可以分为政府间国际组织和非政府间国际组织，其积极倡导 ESG 理念，致力于推动 ESG 在全球范围内发展，并为 ESG 信息披露、ESG 投资等制定标准或原则。

（5）ESG 咨询服务商。ESG 咨询服务商属于第三方机构，主要职责是提供 ESG 服务，如 ESG 报告与鉴证、ESG 战略制定、ESG 风险分析与管理，ESG 评级优化与提高等。

（6）ESG 数据服务商。ESG 数据服务商主要负责抓取、整合、分析 ESG 数据，并将这些数据提供给投资者、金融机构、ESG 评级机构等，以解决信息不对称的问题。

（7）ESG 评级机构。ESG 评级机构对企业的 ESG 信息披露情况及 ESG 表现

第 1 章
ESG 认知：洞悉 ESG 本质与内涵

进行评级，并将评级结果提供给 ESG 指数公司、金融机构、投资者等，为他们提供决策依据。

（8）ESG 指数公司。ESG 指数公司的职责是开发 ESG 指数产品，推动 ESG 投资实践。

（9）ESG 金融机构。ESG 金融机构主要是指资产管理者，包括银行、资管公司、基金公司等。它们通常进行 ESG 投资研究与分析，也设计 ESG 基金、ETF（Exchange Traded Fund，交易型开放式指数基金）等产品。

在推动 ESG 应用普及的征途中，上述利益相关方不仅是 ESG 实践者，更是 ESG 创新者。他们积极弘扬 ESG 理念，为全球绿色经济的迅猛发展注入了强心剂。

1.1.4　小鹏汽车：建立 ESG 可持续发展架构

在气候变化和环境污染问题日益严峻的时代，汽车业面临着向低碳化、绿色化转型的挑战。作为一家致力于研发和生产电动汽车的创新型公司，小鹏汽车积极响应可持续发展要求，建立 ESG 可持续发展架构，获得广大用户信任和喜爱。

在环境方面，为了达成碳中和目标、减少碳排放，小鹏汽车在材料选择、能源利用等方面制定了多项节能减排措施，如选择更环保的可再生材料、提高电池能量密度、优化充电网络等。小鹏汽车还不断优化能源结构，加大绿色能源利用，减少化石燃料消费。另外，小鹏汽车十分重视废旧电池回收，推出废旧电池二次利用项目，通过储能系统对废旧电池进行梯次利用，而且无须将电池拆解重组，实现了循环经济模式。

相关数据显示，2023 年，小鹏汽车交付的电动汽车实现全生命周期减碳逾 150 万吨，小鹏 G9 获得 C-GCAP（中国绿色汽车评价规程）低碳五星认证。此外，其全年的绿色能源使用量达到 23 996 兆瓦时，光伏发电量达 41 070 兆瓦时，入选工业和信息化部绿色制造名单。

在社会方面，小鹏汽车成立小鹏公益基金会，定期/不定期向基金会捐赠物资，并依托基金会开展生态环境教育、灾后社区重建等公益行动。小鹏汽车还关注生物多样性保护，积极参与青年志愿服务和社区发展等公益事业，致力于推动社会可持续发展。

为了宣传低碳生活、气候变化、能源变革等领域的知识，小鹏汽车组织开展"小鹏绿色家园青年行""青年 UP 创益营"等活动。为了践行社会责任，小鹏汽车为残障人士提供多元共融、平等的工作环境，让残障人士充分地参与到正常社会生活中。

在治理方面，小鹏汽车建立内控与风险管理制度，完善董事会、ESG 委员会、审计委员会等治理机构的职责，同时将碳中和项目工作组升级为碳中和工作组，以加强碳管理。为了落实廉洁教育，加强 ESG 价值观宣贯，小鹏汽车面向管理层、正式员工、外包员工及供应商等群体，开展线下培训与"鹏课"录制，在内部弘扬健康向上的工作作风。

总体而言，小鹏汽车将 ESG 理念与发展战略融合，推动全民智能绿色出行，并以技术创新与产品提质为支点，为实现社会可持续发展贡献力量，推动业绩不断增长。

1.2 ESG 在金融环境下的重要性

作为数字经济的重要组成部分，金融行业在经历合规化转型与升级后进入高质量发展阶段，成为促进 ESG 理念应用与普及的重要动力。在此背景下，金融机构要正确认识 ESG 的价值及作用，将 ESG 理念融合到产品与服务开发中，以实现长久、稳定发展。

1.2.1 降低金融风险

如今，很多金融机构都主动扩大服务范围，不仅服务大型组织、高收入者，还服务"长尾"群体，即小微企业、老年人、中低收入者等。然而，"长尾"群体

第1章
ESG 认知：洞悉 ESG 本质与内涵

的投资与理财能力相对较弱，收入不是很稳定，征信情况也不是很好，导致金融机构在开展金融业务时面临很大的风险。为了降低风险，金融机构有必要实施 ESG 战略。

首先，将 ESG 战略全面融入风险管理体系至关重要。金融机构在评估客户风险时，不仅要考量其环境、社会和治理等方面的风险，还要重点关注客户的上下游承包商、供应商等潜在风险点。在此过程中，金融机构需要大量收集与客户相关的信息和数据，以精准识别可能出现的风险，如无法如期还款、恶意违约等，并及时采取措施，从而提高风险防范与控制能力，保证决策的科学性和准确性。

以小微企业贷款为例，如果金融机构重视 ESG 因素，便会在贷款前收集并分析小微企业的 ESG 指标表现。通常情况下，ESG 指标表现优秀的小微企业财务状况良好，更容易获得国家及区域的政策优惠，是不折不扣的优质客户。与这类客户合作，不仅还款周期更为稳定，而且风险相对较低。

其次，实施 ESG 战略需要金融机构完善组织架构，优化管理层、员工等的职责分配，以提高整个团队的客户管理能力及风险识别与控制能力。部分金融机构还会设立专业的客户征信审核小组或风险管理委员会，以更好地了解客户，监测并及时应对风险，减少潜在损失。

最后，通过分析客户信息与数据，金融机构可以掌握客户的经济实力、征信水平、财务表现等情况，然后以此为基础进行产品设计，为客户提供信贷及其他服务。对于金融机构来说，产品和服务满足客户的需求和利益，能降低潜在的法律与声誉风险，赢得客户的信任。而得到客户信任的金融机构，通常品牌形象更好，融资成本更低，负面事件应对能力更强。

1.2.2 保护金融健康

金融健康是金融领域的一个热门概念，可以衡量个体或组织的经济实力能否应对财务冲击。在金融领域，金融健康是金融发展的终极目标，也是金融机构所追求的一种最佳发展状态。而爆火的 ESG，能够从两个方面帮助金融机构保护金融健康。

一方面，ESG 帮助金融机构保护自身的金融健康。

在 ESG 战略的指导下，金融机构将更全面地识别和降低风险，防止出现客户无法如期还款、恶意违约等现象。风险管理到位，金融机构的金融健康便更有保证。另外，对于金融机构来说，ESG 领域蕴含着很多机遇。金融机构可以探索新的发展突破点和收入增长点，对产品或服务进行升级，以满足客户的个性化需求，持续提高竞争力和盈利能力。

另一方面，ESG 帮助金融机构保护客户的金融健康。

（1）ESG 战略要求金融机构关注环境、社会问题，加强企业治理，并积极进行 ESG 实践。例如，某银行主动承担社会责任，以促进乡村振兴和共同富裕为目标推出普惠贷款业务，经济实力较弱的客户也能享受"可获得、可负担、可持续"的金融服务。

（2）针对企业（尤其是小微企业）开展信贷业务时，如果金融机构综合考虑 ESG 指标，就可以帮助企业管理风险，避免企业过度借贷，从而保护其金融健康。

（3）ESG 战略倡导政府间组织与非政府间组织合作、交换和共享资源。通过与其他组织合作，金融机构可以更好地了解和满足客户的金融需求，有针对性地推出产品或服务。当产品或服务匹配客户的需求时，金融机构和客户面临的风险均能降低。

在 ESG 时代，个体和组织都应该关注金融健康，并重新审视自己的金融健康水平，金融机构则要制定适合自己的 ESG 战略，确保自己和客户的金融健康都能得到保护。

1.2.3　推动金融可持续发展

以往，如何顺利开展业务是金融机构的经典议题，而现在，实现金融可持续

第1章
ESG 认知：洞悉 ESG 本质与内涵

发展则成为新的焦点。ESG 理念的兴起，为金融机构指明了新的发展方向，很多金融机构将目光投向 ESG，希望通过践行 ESG 理念实现可持续发展。

第一，ESG 要求金融机构考虑环境因素，推动绿色金融发展。

企业是碳排放的主要来源，降低企业的碳排放量对实现"双碳"目标有重要意义。而发展绿色金融则是推动企业低碳转型的有效手段。金融机构可以为企业提供绿色贷款、绿色债券等绿色金融产品，以支持企业尽快完成转型，实现高质量发展。

在绿色金融方面，中国工商银行股份有限公司（简称工商银行）贯彻"两山理念"，进行绿色金融产品开发与创新，同时不断完善绿色金融服务体系，促进企业低碳转型，推动实体经济发展。工商银行还与中国南方电网有限责任公司（简称南方电网）合作，共同发行工银南方电网信用卡。持卡人可以通过绿色消费、绿色出行、绿色知识问答等方式获得绿色低碳能量，并将这些低碳能量兑换成各类消费权益，以减少碳排放。

第二，ESG 强调社会包容性，即让产品或服务覆盖更多群体。

在社会方面，实施 ESG 战略的金融机构更关注产品或服务的包容性，希望产品或服务覆盖更多群体，尤其是"长尾"群体。金融机构可以提供金融教育与培训，发展普惠金融，或者推出低门槛产品或服务，以实现金融可持续发展，推动社会公平。

第三，ESG 主张强化企业治理，这将推动金融机构治理模式变革。

在 ESG 战略的指导下，金融机构应建立健全治理机制，包括监督机制、风险预防与管理机制、内控制度等，以提高运营效率，降低风险，并保护客户权益。通过完善的治理体系，金融机构能够建立高信任度的社会形象，为自身的可持续发展奠定坚实基础。

ESG 战略还可以指导金融机构识别和管理与环境、社会、治理相关的风险，满足金融机构对可持续发展的需求。通过制定和完善 ESG 战略，金融机构在保护环境、承担社会责任、加强治理等方面的表现更好，从而实现可持续发展，在竞争中占据优势地位。

1.2.4 中信银行以 ESG 治理赋能普惠金融

在 ESG 发展火热的情况下，很多银行积极采取行动，将 ESG 理念融入治理过程中，推动普惠金融的实现。例如，中信银行积极践行 ESG 理念，对自身运营模式进行升级与创新，效果显著。

在环境方面，中信银行迎合低碳时代的发展潮流，积极建设绿色银行，推出绿色贷款、绿色债券、绿色租赁、绿色理财等多元化服务，以及碳中和债、可持续发展挂钩债、转型债券等创新产品，以满足客户的个性化需求。中信银行还率先开设个人碳减排账户——"中信碳账户"，并推出以碳减排量兑换绿色权益的商城平台。

中信银行全资子公司中信金租（中信金融租赁有限公司）还成立绿色租赁工作组和光伏创新小组，开展户用分布式光伏业务，助力农户收入增长。目前，中信金租在户用光伏领域已经投放超 14 亿元，惠及超 1.6 万户农户，减碳效果显著。

为了实现绿色运营，中信银行坚持低碳发展理念，采取绿色运营措施，例如，在网点迁址、改建、装修过程中重视环保，减少对环境的负面影响；加强智能设备创新，减少业务纸张浪费；制定绿色采购方案，鼓励和支持供应商履行环保责任。

在社会方面，中信银行锚定国民经济重点领域，依靠自身金融优势推动实体经济发展，加大对运营困难企业的支持力度，减免其高额支付手续费；服务科创金融，通过股权直投、股票融资、专利技术融资等方式赋能科创型企业，帮助它们实现核心技术突破；支持乡村振兴，完善农业信贷担保体系，推出农田建设贷款、林权抵押贷款、"绿林贷"等涉农产品；实施公益项目，捐建"梦想中心"多媒体教室，惠及大量师生。

在治理方面，中信银行建立"党委全面领导、董事会战略决策、监事会依法

第1章
ESG认知：洞悉ESG本质与内涵

监督、管理层执行落实"的治理机制，并不断优化董事会、监事会、管理层的组织架构，建立责任落实清单，完善履职评价制度，保证成员各司其职、各负其责。

为统筹ESG体系建设，中信银行将"战略发展委员会"更名为"战略与可持续发展委员会"（以下简称委员会），由委员会定期对ESG关键议题进行讨论和指导。管理层还制定《中信银行股份有限公司环境、社会及管治（ESG）管理办法》和《中信银行股份有限公司ESG管理工作方案》，形成自上而下、协同运营的ESG管理机制。

通过践行ESG理念，中信银行能更精准地识别和管理风险，在不确定性极强的市场中保持稳定运营，为自身可持续发展奠定基础。同时，ESG理念也助力中信银行提高市场地位与社会形象，获得更多投资机会和合作伙伴，为金融变革与创新贡献力量。

第 2 章

市场分析：解读 ESG 全球发展现状

随着环境问题越来越严峻、社会责任持续加强、企业治理需求逐渐凸显，ESG 成为一个全球热门话题。2024 年以来，为了顺应 ESG 趋势，国内外市场对 ESG 的重视程度显著提高，不仅频繁出台 ESG 相关政策，还积极探索构建 ESG 标准与框架的方法。

在 ESG 成为国际社会广泛关注的重要议题的背景下，了解当下的 ESG 全球发展现状很关键。同时，借鉴其他国家在 ESG 方面的经验和优势，结合国内碳达峰、碳中和阶段性目标，制定符合生态文明建设与绿色低碳转型要求的 ESG 战略也是一项必不可少的工作。

第 2 章
市场分析：解读 ESG 全球发展现状

2.1 国际市场：ESG 投资成为金融界主流

在不到 20 年的时间里，ESG 已经发展成为一种全球性潮流，ESG 投资更是被全球知名资管企业和金融机构看作核心战略。相关数据显示，截至 2024 年，全球 ESG 基金规模高达上万亿美元，增长率惊人；全球 ESG 基金数量达到近万只，创历史新高。

ESG 投资之所以能够迅猛发展，主要是因为 ESG 投资市场越来越完善，ESG 指标获得主流机构投资者，甚至大量个体投资者的关注和认同。另外，随着 ESG 投资理念日益成熟，其价值和积极影响得到了验证，越来越多的投资者愿意在 ESG 领域投入更多的资源和成本。

2.1.1 投资者加大 ESG 投资力度

相关研究显示，国外很多机构投资者把 ESG 作为决策的重要考量因素。例如，欧洲知名资管企业瑞士百达根据投资标的的 ESG 表现做出决策，并从气候变化应对、水资源管理、食品营养管理、企业长期文化培育、组织架构与治理体系完善等方面入手指导其改善 ESG 表现。

另外，国外调研数据显示，关注 ESG 投资的个体投资者呈现出年轻化的趋势。在全球范围内，ESG 投资备受年轻一代（包括年轻女性投资者）的关注。他们购买大量 ESG 产品，不断加大 ESG 投资力度，逐渐成为 ESG 投资主力军。与其他投资者相比，他们对可持续投资价值观更认同，更偏好 ESG 产品，愿意为社会乃至全球可持续发展做出贡献。

需求端的广泛关注和认同是 ESG 投资在国外市场迅速增长的关键原因之一，也是 ESG 投资能风靡华尔街乃至全球的核心动力。在投资者对 ESG 投资的追捧下，高盛银行、花旗集团、贝莱德等金融机构纷纷推出 ESG 产品，以吸引更多投资者进行 ESG 投资。

高盛银行美国 CEO 凯里·哈里欧（Carey Halio）表示，预计将于 2030 年前在 ESG 领域部署以债券为主要形式的投资项目，项目涉及金额高达 7 500 亿美元。而且，未来预计每隔 12~18 个月，高盛便会发行一次 ESG 债券，以迎合 ESG 时代的投资需求。

花旗集团推出花旗 ESG 世界系列指数（Citi ESG World Indices），为全球范围内偏好 ESG 项目的投资者提供服务。

贝莱德推出 iShares ESG Aware MSCI USA ETF（ESGU）、美国碳转型准备基金（US Carbon Transition Readiness fund）等 ESG ETF 系列基金。其中，ESGU 是贝莱德旗下的 ESG 旗舰基金，也是全球规模最大的 ESG 指数基金之一，其管理规模高达上百亿美元，回报率也比较可观。

除了投资者和金融机构外，监管部门、国际组织、ESG 数据服务商、ESG 评级机构等诸多利益相关方也以不同角色加入 ESG 价值链。它们形成强大合力，共同推动 ESG 投资持续发展，提高信息透明度。这为投资者加大 ESG 投资力度提供了充分保障。

2.1.2　ESG 投资市场逐渐完善和统一

为了规范 ESG 投资市场，国外很多监管机构正积极完善和统一 ESG 投资政策，从 ESG 产品定义与划分、ESG 信息披露等多个维度对金融机构提出严格要求。进入 2024 年，欧洲多个国家再度收紧 ESG 投资标准，颁布 ESG 投资法案，对不良行为，如"漂绿"、信息披露不全面等进行管理和遏制。

例如，可持续金融披露条例（Sustainable Finance Disclosure Regulation，SFDR）便是为了遏制"漂绿"行为而推出的。SFDR 将市场上的基金分为三类：含环境或社会因素的基金（"浅绿基金"）；以可持续投资为目标的基金（"深绿基金"）；

第 2 章
市场分析：解读 ESG 全球发展现状

不含任何 ESG 因素的普通基金。如果基金没有达到 ESG 标准，就不能在名字中使用 ESG 相关词语，否则将受到相应的处罚。

法国推出新版社会责任投资标签，对原版进行三方面修改。第一，对初始投资范围的定义更严格，并在 ESG 方面增加负面筛选；第二，介绍投资标的在 ESG 方面的不足之处及其对环境、社会可能产生的负面影响；第三，将气候政策纳入 ESG 投资管理，如果投资标的对气候变化影响较大，就要向投资者展示其转型路线与措施。

英国金融行为监管局（Financial Conduct Authority，FCA）在 2023 年 11 月颁布新版《可持续发展披露要求（SDR）和投资标签》，其中有反"漂绿"规则，于 2024 年 5 月底生效。FCA 不仅推出 4 个有可持续发展目标的投资标签，还要求资管企业必须根据可持续性目标进行投资（投资资产比例至少为 70%），并披露产品中持有其他类型资产的原因。

国外不断加强投资市场监管，收紧 ESG 投资标准，反映出政府对 ESG 投资的重视。未来，越来越多国家将采取措施，针对 ESG 投资制定严格的法律法规，推动绿色产业蓬勃发展。

2.1.3　ESG 投资的价值被验证

德意志资产与财富管理投资有限公司和德国汉堡大学合作开展研究，对 2 000 多篇学术论文进行分析，发现 ESG 与财务绩效之间是正相关关系。这验证了在现代社会大环境下，ESG 在投资中的重要价值。

麦肯锡分析晨星数据库中被贴上"可持续"标签且 AuM（Assets Under Management，金融机构所管理的个人客户的各类金融资产总额）超过 100 万欧元的基金，发现此类基金的收益高于其他基金。

某金融机构观察震荡行情中各类产品的业绩表现，发现 ESG 产品有比较强的抗跌性。尤其是一些低碳环保、新能源相关主题的 ESG 基金，业绩表现十分突出，近一年收益率甚至超过 20%。即使是刚刚成立两个月的低碳环保主题新基金，收益率也超过 10%。

通过上述案例不难看出，ESG 投资的价值已经得到一定程度的验证，逐渐被越来越多金融机构、投资者、监管部门等认可。不少专业人士强调，ESG 相关措施影响股东价值创造，ESG 投资能够给投资者带来丰厚且可持续的回报。另外，对于投资者来说，ESG 投资还有避险功能，回报通常更稳定，也更容易产生超额收益。

ESG 投资之所以具有显著价值，是因为相较于传统投资指标，ESG 指标能更有效地衡量投资标的的可持续发展能力，帮助投资者更好地预测和判断投资标的未来的财务状况。另外，ESG 投资追求长期价值增长，这与国际主流股权与证券投资机构、财务咨询平台在估值时分析投资标的长期价值的做法相契合，有助于精准识别投资过程中的潜在风险和机遇。

因此，从相关案例及全球趋势来看，ESG 投资的价值已经凸显并得到验证。未来，越来越多投资者将关注 ESG 投资，也会更重视 ESG 指标，以制定科学的 ESG 投资战略。

2.1.4 黑石集团：持续在 ESG 领域布局

黑石集团（Blackstone Group）是一家总部在美国纽约的国际性投资公司，成立于 1985 年，创始人为史蒂芬·施瓦茨曼（Stephen Schwarzman）和彼得·彼得森（Peter Peterson）。创立初期，该公司致力于为客户提供私募股权和并购顾问服务，随着规模不断扩大，其业务已经涵盖房地产、信贷、基础设施、对冲基金等诸多领域，发展势头十分强劲。

黑石集团明确提出要在 ESG 方面布局，并举全员之力将 ESG 理念纳入投资过程、投资组合运营与资产管理。同时，黑石集团制定 ESG 战略，将 ESG 战略

第 2 章
市场分析：解读 ESG 全球发展现状

作为发展战略的核心组成部分，以应对千变万化的交易环境和资本市场形势。

为了践行 ESG 理念，黑石集团做了很多工作。例如，在官网发布 ESG 相关岗位，斥巨资招聘 ESG 人才；为多个可持续能源与环境友好型项目投资，包括风能、太阳能及其他可再生能源项目等；在运营过程中制定并采取节能减排措施，以减少业务或相关活动对环境的影响；推动整个投资领域的绿色转型，鼓励和支持自己投资的企业采取环保、低碳的发展方案等。

另外，黑石集团还不惜花费重金收购、投资与 ESG 相关的企业。例如，2021年，黑石集团收购 ESG 软件企业 Sphera，给出大约 14 亿美元的交易估值。Sphera 拥有大量客户，能够帮助黑石集团处理与可持续性、健康、安全、环境等因素相关的风险。

2022 年 7 月，黑石集团宣布向全球碳和环境大宗商品交易平台 Xpansiv 投资 4 亿美元。此次投资延续了黑石集团在能源转型与气候解决方案领域的主题投资，意味着黑石集团对 ESG 投资的关注和重视。

2023 年 5 月，黑石集团宣布已经完成对全球技术与软件企业 Emerson 大多数股权的收购，收购金额为 97 亿美元，收购目的是通过更创新、更节能的解决方案实现"双碳"目标，进一步提高自身行业领先地位。

黑石集团在金融领域有比较强的竞争力，它对 ESG 的关注使它能在不断变化的交易环境中保持稳定与长期发展，并吸引一批同样重视 ESG 的客户和合作伙伴。通过践行 ESG 理念，黑石集团不仅优化了自身社会形象，也推动了全球经济进步与社会可持续发展。

更重要的是，黑石集团实施 ESG 战略，不只关注经济回报，还致力于创造更大的社会价值。目前，在全球范围内，其业务决策与发展战略已经对其他企业产生了深刻的积极影响。

2.2 国内市场：ESG 发展潜力巨大

纵观国内市场，"双碳"战略有助于提高环境质量，乡村振兴能够保证社会公平与繁荣，企业治理也越来越受到重视。而 ESG 涵盖环境、社会、治理三个维度，与现代化发展目标十分契合，在国内具有广阔的发展空间与多元化的实践路径。

当前，众多利益相关方在 ESG 领域积极探索，并主动承担社会责任，加强企业治理，力求找到一种既能带来经济回报又能保护环境的可持续发展模式。这些切实的行动有助于优化企业的 ESG 表现，提高企业的融资能力及其在资本市场中的价值。投资者、金融机构等也可以通过 ESG 指标衡量企业的综合实力，避免因为决策失误而遭受声誉损失或经济损失。

2.2.1 "双碳"战略引领 ESG 发展

2021 年，"双碳"工作被列为我国八项重点任务之一。2022 年 1 月，政府强调要平衡经济发展与减排之间的关系，稳定开展"双碳"工作。2024 年，政府提出要扎实开展"碳达峰十大行动"，建立碳足迹管理体系，扩大全国碳市场覆盖范围。在这些政策的指导下，"双碳"战略的地位越来越重要，很多企业已经意识到不能只关注盈利，还要关注环境、社会及自身长期、可持续发展，以应对外部环境的各种不确定性。

"双碳"战略为 ESG 的发展提供了政策红利。近几年，随着"双碳"战略逐渐深化，ESG 迅速兴起，成为资本市场乃至更多领域的热点。而环境作为 ESG 的主要议题之一，与"双碳"战略高度契合。在此背景下，"双碳"战略从多维度引领 ESG 发展，一些积极践行"双碳"战略的企业开始主动拥抱 ESG。

（1）环境维度。"双碳"战略的核心目标是实现碳中和、碳达峰，减少碳排放

第 2 章 市场分析：解读 ESG 全球发展现状

量，采用绿色能源，加强环境保护，推动生态长期、可持续发展。为了达成目标，企业应不断提高自身环境管理水平，建立透明、科学、完善的环境管理机制。这有利于激发企业对环境保护的热情与积极性，优化企业 ESG 表现，使企业成为 ESG 发展的推动者。

（2）社会维度。在"双碳"时代，企业需要考虑一个问题：如何防止自身发展战略对社会造成不良影响。尤其是处于转型阶段的企业，更应该重视运营与管理，积极推动社会发展与进步。为此，企业应主动关注并承担社会责任，重视员工福利、社区服务、公益事业等方面工作，在推进"双碳"战略落地的同时为社会做出贡献。

（3）治理维度。"双碳"战略通常是跨领域的，涉及多方合作，这要求企业必须建立一个良好的治理体系以推动合作。同样，ESG 战略也要求企业完善治理机制，同时保护股东利益、加强组织架构建设等。两个战略相辅相成，共同指导企业加强治理。

在"双碳"战略实施过程中，加强环境管理、承担社会责任以及建立符合企业自身实际情况的治理体系与机制至关重要。如今，ESG 战略已成为"双碳"战略在组织层面的重要抓手，是实现"双碳"战略的关键途径之一。在"双碳"战略的影响下，ESG 战略逐渐成为国内主流共识。在这样的背景下，各方正携手合作，共同推进技术与业务创新，弘扬以环境保护、社会效益和良好企业治理为核心的可持续发展理念，推动 ESG 战略在国内稳定落地。

2.2.2 更多企业开始接受 ESG 理念

ESG 现已成为商业领域的一个重要趋势，全面地反映了企业对环境、社会的贡献以及组织内部治理的效能。在当下这个可持续发展受到高度关注的时代，ESG 表现优秀的企业无疑会受到投资者和合作伙伴的青睐，发展势头更强劲。因此，越来越多企业开始关注 ESG 相关因素，发布 ESG 报告，并以大量篇幅介绍自己在碳减排、社会公益等方面的建树。

特别是一些知名互联网巨头，它们高度重视 ESG 理念，制定明确的碳减排目标。例如，腾讯发布碳中和报告，提出将不晚于 2030 年实现自身运营及供应链的全面碳中和，同时达成 100% 绿色电力的目标；京东在改善环境、保护员工、支持社会发展等方面不懈努力，并不断扩大"绿色朋友圈"，让订单有"迹"可循；阿里巴巴努力降低运营净碳排量和价值链碳强度，在乡村教育、适老化、无障碍、乡村振兴等领域积极践行社会责任。

为什么很多企业开始关注并接受 ESG 理念？

第一，ESG 理念可以提高企业的透明度和信任度。

通过撰写并发布 ESG 报告，企业可以向投资者、股东等利益相关方提供更全面、更有效的信息。这样可以让企业的信息更透明，帮助企业建立并巩固与利益相关者之间的信任关系。这种信任关系对企业来说至关重要，不仅有利于优化企业的社会形象，保证企业在国内乃至全球竞争中的优势地位，还能为企业带来更多商业机会与合作伙伴。

第二，ESG 理念可以帮助企业吸引投资者。

越来越多的投资者在投资时关注企业的 ESG 表现，将 ESG 指标纳入决策考量中，以预测企业发展的可持续性和自己的回报率。在 ESG 理念的指导下，企业可以向投资者展示自己在环境、社会和治理上所做的努力及获得的成果，进而吸引更多投资者为自己提供资金或资源支持。获得资金或资源支持后，企业可以实现更快的发展和更广泛的业务拓展。

第三，ESG 理念有利于企业解决潜在问题。

在实施 ESG 战略之前，企业需要识别和评估自己在环境、社会和治理方面存在的问题，并将这些问题公开披露。通过披露这些问题，企业能更好地了解和控制潜在的法律、声誉与经营风险，减轻自己可能面临的法律责任，避免形象与财务损失，从而获得更大的进步空间。

综上所述，ESG 已经成为当今时代的一大发展潮流，受到越来越多企业的认

可和青睐。企业应该跟上发展潮流，积极实施 ESG 战略，以获得更多利益相关方的支持，同时降低潜在的风险和损失。此外，这也可以帮助企业在竞争极其激烈的市场中脱颖而出，实现长期成功。

2.2.3 披露要求不断提高，金融风险降低

2024 年 2 月，在中国证券监督管理委员会（简称"证监会"）的统一部署下，上海证券交易所（以下简称"上交所"）发布《上海证券交易所上市公司自律监管指引第 14 号——可持续发展报告（试行）（征求意见稿）》，深圳证券交易所（以下简称"深交所"）发布《深圳证券交易所上市公司自律监管指引第 17 号——可持续发展报告（试行）（征求意见稿）》，北京证券交易所（以下简称"北交所"）发布《北京证券交易所上市公司持续监管指引第 11 号——可持续发展报告（试行）（征求意见稿）》。这意味着国内交易所开始明确可持续发展信息披露框架，以及环境信息、社会信息、企业治理信息披露规则。

2024 年 4 月，上交所、深交所、北交所发布《上市公司可持续发展报告指引（试行）》（以下简称《指引》），对环境、社会和企业治理等方面信息的披露提出要求。《指引》于 2024 年 5 月正式实施，是国内第一部完善的 ESG 信息披露规范。其明确提出，报告期内持续被纳入上证 180、科创 50、深证 100、创业板指数的样本企业，以及在境内外同时上市的企业，最晚要在 2026 年 4 月 30 日前首次披露 2025 年度《可持续发展报告》。

《指引》出台后，部分企业的 ESG 信息披露正式进入强制时代。《指引》不仅推动了 ESG 信息披露的规范化、制度化，还按照强制披露、引导披露、鼓励披露三个层级设置不同披露要求。例如，部分重要议题要通过定性、定量方式进行信息披露，便于各方进行对比。

《指引》也明确强调，具备财务重要性的核心议题要以"治理""战略""影响、

风险和机遇管理""指标与目标"四大要素为框架进行信息披露。这一要求的主要目的是保证《指引》与国际可持续发展信息披露准则实现更紧密的连接，进一步加强 ESG 信息披露管理。

总之，《指引》对完善 ESG 信息披露标准与体系建设具有非常重要的指导意义，有利于保证企业的发展质量，提升企业的可持续发展能力。

在证监会的有效监管及《指引》的指导下，ESG 信息披露要求变得更严格，国内的 ESG 信息披露水平不断提高，主动进行 ESG 信息披露的企业逐年增加。综合《中国上市公司 ESG 研究报告（2023 年）》和 Wind 数据来看，2020—2023 年，发布 ESG 报告的 A 股上市公司分别占当年 A 股上市公司总数的 24.7%、24.3%、28.5%、35.2%，呈现稳步增长的态势。其中，央企控股、银行、非银金融等领域的 ESG 报告发布率超过 80%，明显领先于其他领域。

随着越来越多的企业进行 ESG 信息披露，ESG 在降低金融风险方面的作用更加凸显。根据企业披露的 ESG 信息，投资者等利益相关方可以深入了解企业的实际情况，判断企业的声誉、社会形象、客户黏性、财务表现、绩效水平等，以保护自身利益不受损害。

另外，ESG 信息披露还是一种重要的投资信号传递行为，可以减少因为信息不对称导致的委托代理问题，从而吸引更多投资者。（Royal Bank of Canada，加拿大皇家银行）全球财富管理机构提供的报告显示，在极端下跌环境中，ESG 表现优秀的企业抗风险能力更强，ESG 因素成为投资者的决策依据。

综上所述，随着监管力度不断加强和 ESG 信息披露标准不断完善，ESG 信息已成为影响投资者决策的关键因素。因此，企业必须严格遵守相关政策要求，积极履行 ESG 信息披露义务，并不断优化 ESG 表现。这不仅有助于提升企业的运营管理水平，提高综合效益，还能有效防范金融风险，降低融资成本，进而推动企业的可持续发展。

2.2.4 蒙牛乳业：ESG 推动可持续发展

内蒙古蒙牛乳业（集团）股份有限公司（以下简称"蒙牛"）是一家专业化的乳品公司，位居全球乳业十强，凭借一流的产品与品牌价值在国内外获得广泛认可。蒙牛践行 ESG 理念，推动"双碳"战略、乡村振兴等可持续发展目标实现，不断完善 ESG 发展体系并创新 ESG 管理模式。

在环境方面，蒙牛参考碳测算体系与标准，制定"2030 年碳达峰，2050 年碳中和"的目标，围绕生产、包装、运输等环节加强碳排放管理。例如，在生产环节，蒙牛重视产能利用率，将低碳、节能等理念融入生产全过程，通过缩短工艺转序时间、创新生产技术、引进自动化智能设备（如图 2-1 所示）与系统等方法降低损耗。

图 2-1 蒙牛工厂的智能设备

为了严格控制碳排放总量、碳排放强度，蒙牛采取粪污回收再利用、减塑项目开发、牧场节能减排、能源结构转型、沙漠种树固碳、供应商碳管理等节能措施，并与上下游伙伴合作，共同推动产业链绿色转型，为其他企业进行绿色转型提供示范。

在社会方面，蒙牛将"强乳兴农"作为核心任务，通过奶业振兴带动乡村振兴，布局十大"种养加"产业集群，形成了"从一棵草到一杯奶"的全产业链布局。蒙牛还建立利益联结机制，为农牧民发展致富提供支持和帮助。蒙牛提供的 ESG 报告显示，目前蒙牛已经直接和间接推动上百万农牧民致富，使他们增加收入近 10 亿元。

2023 年，蒙牛在全国上百所学校开展营养普惠工程牛奶公益捐赠项目，推动学生营养健康事业发展。蒙牛还通过体育教育、研学教育、食育教育等公益活动加强青少年的课外教育，增强其营养意识，为其健康成长和全面发展奠定扎实基础。

在治理方面，蒙牛从董事会、管理层、执行层三个层面入手建立 ESG 三级管理体系，对 ESG 管理的组织架构与运营机制进行规定。蒙牛还为相关人员制定 ESG 考核目标并在年度绩效合同中标明，同时打造上下贯通、全员联动的可持续发展文化氛围，鼓励全员参与可持续转型。

蒙牛还十分重视 ESG 信息披露，以满足资本市场的监管要求。蒙牛撰写并发布 ESG 报告，参加 MSCI（Morgan Stanley Capital International，明晟）等主流 ESG 评级机构的评级工作，还定期与投资者就 ESG 问题进行沟通，主动向投资者共享 ESG 情况。为了及时对外展示 ESG 信息，蒙牛经常在集团官网、微信、微博等平台更新 ESG 动态，并对一些关键议题进行专项传播。

蒙牛将持续践行 ESG 理念，以 ESG 战略为核心驱动力，积极培育新质生产力，推动乳业的可持续发展和繁荣，为经济增长创造更大价值。

第 3 章 ESG 信息披露机制：标准和温度并存

在 ESG 信息披露机制的构建中，标准和温度相辅相成、缺一不可。具体而言，标准的设立确保了信息披露的客观性、准确性和可比性，为企业间的相互学习与竞争提供了公平的竞技场。而温度则让信息披露不是简单罗列枯燥的理念和数据，而是"有血有肉"，能够促使企业在追求经济效益的同时，不忘回馈社会、保护环境，积极承担社会责任。

3.1 信息披露有什么意义

信息披露机制有助于提升企业在环境、社会和治理方面的表现，促进可持续发展。这一机制的核心在于制定一套统一的标准，要求企业公开披露相关信息，以便投资者、监管机构和其他利益相关者能够准确评估企业的可持续发展能力和潜在风险。

3.1.1 现状与趋势分析：信息披露如何发展

近年来，随着全球气候变化、环境污染等问题加剧，越来越多的投资者开始关注企业的 ESG 表现。他们通过了解企业在环境、社会和治理方面的实践，评估企业的长期价值和风险。

因此，越来越多的企业开始主动披露 ESG 信息，以展示其可持续发展的决心和成果。同时，各国政府和监管机构也纷纷出台相关政策，推动 ESG 信息披露机制的规范化和标准化。

然而，尽管 ESG 信息披露已经取得了一定的发展，但仍然存在一些问题和挑战。

首先，不同国家和地区的 ESG 信息披露标准和要求存在差异，导致企业在进行信息披露时面临一定的困难和不确定性。其次，一些企业可能出于自身利益考虑，选择性地披露 ESG 信息，甚至存在造假和误导投资者的行为。最后，ESG 信息披露质量和透明度参差不齐，使得投资者难以准确评估企业的 ESG 表现。

针对这些问题和挑战，ESG 信息披露机制不断优化、完善，呈现出以下发展趋势，如图 3-1 所示。

第 3 章
ESG 信息披露机制：标准和温度并存

1. 信息披露的标准更加统一
2. 信息披露的内容更加深入
3. 信息披露的方式更加多元化
4. 信息披露的监管更加严格

图 3-1　信息披露的发展趋势

1. 信息披露的标准更加统一

随着全球经济一体化进程加快，各国之间的经济联系越来越紧密，ESG 信息披露的标准将逐渐趋于统一。这有助于提高 ESG 信息的可比性和可靠性，促进全球资本市场的健康发展。

2. 信息披露的内容更加深入

随着投资者对 ESG 信息的关注度不断提高，企业需要披露更加深入和详细的 ESG 信息，以便投资者能够更加全面地评估企业的可持续发展能力和风险。

3. 信息披露的方式更加多元化

除了传统的财务报告和官方网站外，企业还可以通过其他渠道披露 ESG 信息，如可持续发展报告、社会责任报告、环境报告等。同时，企业还可以利用社交媒体、移动应用等新兴技术成果，提高 ESG 信息的传播效率和影响力。

4. 信息披露的监管更加严格

随着 ESG 信息披露的重要性不断提高，各国政府和监管机构加强对 ESG 信息披露的监管力度。例如，欧洲联盟（简称"欧盟"）对不遵守《非财务报告指令》的企业进行处罚；中国证监会加强对上市企业 ESG 信息披露的监管，对违规企业进行处罚。

综上所述，作为企业向外展示自身可持续发展能力、ESG 表现的重要方式，

ESG 信息披露呈现出积极向好的趋势，能够适应全球可持续发展的需求。在政策引导、市场需求增长和技术进步等多方面因素的共同作用下，ESG 信息披露将迎来更加广阔的发展空间。

3.1.2 衡量企业的 ESG 表现

ESG 表现不仅关乎企业的经济效益，更关乎其对环境、社会和治理层面的贡献与影响。因此，深入了解和衡量企业的 ESG 表现，对投资者、消费者以及整个社会都有重要意义。

首先，环境方面的 ESG 表现指的是企业在生产经营过程中对环境保护的重视程度和具体实践。这涵盖了企业的能源消耗、排放物处理、资源利用等方面。

如果企业积极采用清洁能源、减少废弃物排放、提高资源利用效率，那么它的环境 ESG 表现就相对较好。随着环保意识的增强，越来越多的消费者开始关注企业的环境表现，这直接影响企业的品牌形象和市场竞争力。

其次，社会方面的 ESG 表现侧重于企业承担社会责任和对社会的贡献。这包括企业对员工权益的保障、对社区的贡献、对消费者的责任等方面。

如果企业能够充分保障员工的合法权益，积极参与社区公益活动，为消费者提供安全可靠的产品，那么它在社会方面的 ESG 表现就相对较好。企业的在社会方面的 ESG 表现不仅关乎企业的声誉和形象，也关乎其能否获得社会的认可和支持。

最后，治理方面的 ESG 表现能够反映企业的内部管理和决策机制。这包括企业的董事会结构、高管薪酬、反腐败政策等方面。良好的治理机制有助于保障企业长期稳定发展，同时也有助于保护投资者的权益。

如果企业具有透明的治理结构、公正的激励机制、有效的反腐败政策，那么它在治理方面的 ESG 表现就相对较好。这样的企业更容易赢得投资者的信任和市场的认可。

值得注意的是，ESG 表现不是一成不变的，ESG 表现的提升也不是一蹴而就的，需要企业长期投入和持续改进。因此，投资者和消费者在选择企业时，除了关注其当前的 ESG 表现，还应关注其未来的 ESG 战略和规划。

综上所述，衡量企业的 ESG 表现需要综合考虑企业在环境、社会和治理三个方面的表现。这需要借助相关的指标体系和数据，还需要进行深入的研究和分析。例如，投资者可以利用权威机构发布的 ESG 评级报告来了解企业在各方面的表现；投资者也可以通过分析企业的公开信息、社会责任报告等文件来深入了解企业的 ESG 实践。

3.1.3 借助 ESG 相关信息识别风险和机会

在当今全球经济一体化的背景下，在环境、社会和治理方面，企业面临着越来越多的挑战和机遇。作为一种重要的企业管理工具，ESG 不仅可以帮助企业识别和管理潜在的风险，还可以为企业创造新的发展机遇。

首先，ESG 相关信息有助于企业识别潜在的环境风险。

随着全球气候变化和环境问题日益严峻，企业面临着越来越多的环境挑战。通过收集和分析 ESG 相关信息，企业可以了解其在生产、运营等过程中可能对环境产生的影响，以及可能面临的环境风险。例如，企业可以通过了解所在行业的碳排放情况，制定相应的减排措施，从而避免因环境问题而引发声誉风险和法律纠纷。

其次，ESG 相关信息还可以帮助企业发现潜在的社会风险。

在运营过程中，企业往往需要与各种利益相关者进行互动，包括员工、客户、投资者等。如果企业不积极承担社会责任，就可能导致这些利益相关者的不满和抵制。通过 ESG 相关信息，企业可以了解其在社会责任方面的表现，及时发现潜在的社会风险，并采取相应的措施进行改进。例如，企业可以通过改善员工福利、加强社区关系等方式，提升其在社会责任方面的表现，从而赢得更多利益相关者的信任和支持。

最后，ESG 相关信息还为企业提供了识别商业机会的重要途径。

随着可持续发展理念的普及，越来越多的消费者和投资者开始关注企业的 ESG 表现。那些能够积极履行社会责任、注重环境保护的企业，往往能够获得更多的市场机会和更多投资者的青睐。通过 ESG 相关信息，企业可以了解市场需求的变化和投资者的偏好，从而调整战略和业务模式，以更好地满足市场需求，赢得投资者的支持。

综上所述，ESG 相关信息为企业提供了一个全新的视角，可以帮助企业识别潜在的风险和机会。在未来的发展中，企业应当重视 ESG 相关信息的应用，积极履行社会责任，关注环境保护，以实现可持续发展和长期成功。

3.2 多层面了解信息披露要求

ESG 信息披露机制是衡量企业 ESG 表现的重要工具，对企业和社会都具有重要意义。通过多层面了解 ESG 信息披露要求，企业可以更好地理解 ESG 信息披露机制的重要性、内容、标准和原则，以及实施过程中的挑战和机遇，从而更好地推动 ESG 信息披露机制发展和完善。

3.2.1 国际层面：打造 ESG 价值链的"信息流"

在全球化的浪潮下，ESG 已经成为国际社会关注的焦点。特别是在国际层面，构建高效、透明的 ESG 价值链"信息流"显得尤为关键。这不仅有助于增强企业的社会责任意识，还能促进全球经济的可持续发展。

ESG "信息流"涵盖了 ESG 数据收集、分析、披露、应用等环节。只有确保信息的准确性和及时性，才能为政府决策、企业运营以及投资者选择提供有力的支持。

目前，全球范围内缺乏统一的 ESG 信息披露标准，导致不同企业披露的 ESG

第3章
ESG 信息披露机制：标准和温度并存

信息存在较大的差异。因此，建立统一的 ESG 信息披露标准是打造 ESG 价值链"信息流"的基础。这不仅有助于提高 ESG 信息的可比性和可靠性，也有助于投资者更好地评估企业的可持续发展能力和风险。

国际组织和机构在 ESG 信息披露标准的制定中发挥着重要作用。例如，联合国可持续发展目标（Sustainable Development Goals，SDGS）为企业提供了明确的方向，引导企业在经济、社会和环境方面实现可持续发展；国际会计准则理事会颁布的国际财务报告准则（International Financial Report Standard，IFRS）不断完善，以确保企业在财务报告中充分披露 ESG 相关信息。此外，一些专业机构，如全球报告倡议组织（Global Reporting Initiative，GRI）、可持续发展会计准则委员会（Sustainability Accounting Standards Board，SASB）等，也为企业提供了具体的 ESG 信息披露指南。

各国政府在推动 ESG 信息披露方面也采取了积极措施。例如，欧盟通过了一系列法规，要求企业必须披露其环境和社会影响；中国证监会也发布了相关规定，鼓励上市公司积极披露 ESG 信息。这些法规和政策的实施，有助于增强企业的 ESG 意识，促进企业更好地履行社会责任。

提高 ESG 信息的透明度是打造 ESG 价值链"信息流"的关键。企业应该主动公开其 ESG 信息，包括环境、社会和治理方面的政策、措施和绩效等。同时，企业还应该积极回应利益相关者的关切，及时解答他们对 ESG 信息的疑问和质疑。此外，企业还可以通过第三方机构对 ESG 信息进行认证和评估，以提高信息的可信度和透明度。

打造 ESG 价值链的"信息流"需要社会各界的共同努力。通过加强国际合作、制定统一标准、提升信息披露质量及利用科技手段，社会各界可以共同推动全球 ESG 事业的发展，为构建人类命运共同体贡献力量。

3.2.2 国内层面：力争实现信息"全覆盖"

在国内，随着可持续发展理念的不断深入，企业对 ESG 信息的重视程度也日益提高。实现 ESG 信息的"全覆盖",对企业提升可持续发展能力、满足利益相关方需求以及应对市场风险具有重要意义。下文将从以下几个方面探讨如何在国内实现 ESG 信息的"全覆盖",如图 3-2 所示。

01 建立健全ESG信息披露制度

02 加强ESG信息的收集与整理

03 注重数据的准确性和完整性

04 加强ESG人才培养

05 推动ESG信息的应用

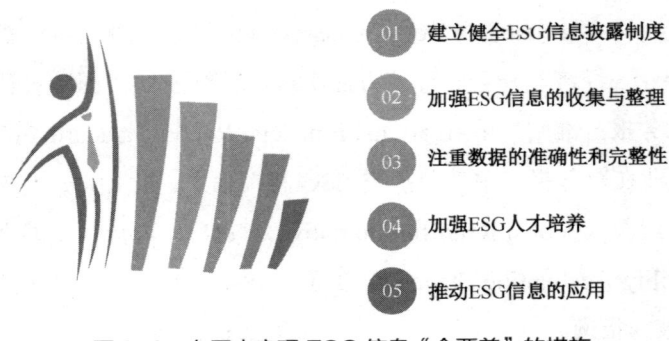

图 3-2　在国内实现 ESG 信息"全覆盖"的措施

1. 建立健全 ESG 信息披露制度

政府可以加强对 ESG 信息披露的监管,制定并完善相关法律法规,明确企业披露 ESG 信息的责任和义务。同时,鼓励行业协会等组织制定行业标准,引导企业自觉遵守信息披露要求。通过建立健全 ESG 信息披露制度,企业能够及时、准确地披露 ESG 信息,为利益相关者提供决策依据。

2. 加强 ESG 信息的收集与整理

企业应建立完善的 ESG 信息收集系统,确保能够全面、准确地获取相关 ESG 信息。同时,企业还要加强对 ESG 信息的整理和分析,将其转化为对企业决策有价值的信息。此外,企业还应加强与供应链上下游企业的合作,共同收集和整理 ESG 信息,实现信息共享与协同。

3. 注重数据的准确性和完整性

ESG 信息披露需要真实反映企业的实际情况,避免夸大或隐瞒。同时,企业还需要关注数据的可比性,确保不同企业之间的 ESG 信息可以相互比较和借鉴。

4. 加强 ESG 人才培养

实现 ESG 信息"全覆盖",需要具备专业知识和技能的人才的支持。企业应加强对 ESG 人才的培养,提高员工对 ESG 理念的认识,培养其收集、整理和分析 ESG 信息的能力。高校等教育机构可以开设相关专业和课程,为社会输送更多的 ESG 专业人才。

5. 推动 ESG 信息的应用

政府、企业和社会应共同推动 ESG 信息的应用,将其深度融入投资决策、企业评价和政策制定等方面。建立 ESG 投资基金、开展 ESG 评级等方式,可以有效引导资金流向具有良好 ESG 表现的企业,促进企业可持续发展。将 ESG 因素纳入政策制定过程,有助于推动企业履行社会责任,实现经济、社会和环境的协调发展。

总而言之,实现 ESG 信息"全覆盖"是一个长期而复杂的过程,需要政府、企业和社会各方的共同努力。通过采取建立健全 ESG 信息披露制度、加强信息收集与整理、提高信息透明度、加强人才培养和推动信息应用等措施,我国可以逐步实现 ESG 信息的"全覆盖",为企业可持续发展和社会繁荣奠定基础。

3.2.3　交易市场层面:不断完善信息披露体系

随着全球气候变化问题日益严峻,越来越多的投资者开始关注企业的环境和社会责任表现。ESG 信息披露能够帮助投资者了解企业在这些方面的表现,提升投资决策的科学性。同时,ESG 信息的透明度也有助于提升企业的市场声誉,增强投资者的信心。

不断完善 ESG 信息披露体系需要多方共同努力。首先,政府应出台相关市场交易政策,制定具体的披露标准和指引,并提供相应的奖励,鼓励和引导企业主动披露 ESG 信息。

其次，交易所和监管机构也应发挥积极作用，推动企业在年报、季报等定期报告中详细披露 ESG 信息。

最后，第三方机构也可以发挥重要作用，通过提供独立的 ESG 评级和咨询服务，帮助企业提升信息披露的质量和水平。

提升交易市场各参与方对 ESG 信息披露体系的认知和重视程度至关重要。投资者应将 ESG 因素纳入投资决策中，通过分析企业的 ESG 表现来评估其长期投资价值和风险。

企业自身要强化内部管理，建立健全的 ESG 信息收集和报告机制，确保披露信息的准确性和及时性。金融机构应在提供金融服务时，充分考虑企业的 ESG 状况，引导资金流向具有良好 ESG 表现的企业。

需要注意的是，完善 ESG 信息披露体系是一个长期而复杂的过程，需要各方共同努力，不断积累经验，逐步推动这一体系成熟和完善。完善的 ESG 信息披露体系，有助于企业为投资者提供更全面、更准确的信息，促进市场的健康发展，也有助于推动社会的可持续发展。

完善 ESG 信息披露体系对提升市场透明度、促进绿色投资以及推动可持续发展具有重要意义，这需要政府、交易所、监管机构、企业、投资者以及金融机构等多方共同努力。

3.3 关于信息披露的三个重点

在 ESG 信息披露方面，有三个重点不容忽视。其一，将信息披露提升至战略高度。其二，做信息披露不能"自娱自乐"。其三，精彩案例能使信息披露报告更"丰满"。只有切实把握好这些重点，信息披露工作才能真正发挥其应有的作用，推动企业和市场的健康发展。

3.3.1 将信息披露提升至战略高度

在当今复杂多变的商业环境中,ESG 已成为企业发展中不可忽视的重要因素。将 ESG 信息披露提升至战略高度,对企业而言具有极其深远的意义。

从企业自身可持续发展的角度来看,高度重视 ESG 信息披露是实现长期稳定发展的基石。它促使企业全面审视自身在环境、社会和治理方面的表现,并积极采取措施改善和优化表现。

例如,完美世界股份有限公司(下文简称"完美世界")董秘马骏深知信息披露对上市公司的重要性。他将信息披露提升至战略高度,不仅仅是为了满足监管要求,更是为了展现公司对资本市场和广大股民的真诚与承诺。在马骏的引领下,每一份公告都承载着完美世界对市场和投资者的尊重与敬意,以及公司对未来的坚定信心。

马骏深知,高质量的信息披露不仅有助于提升公司的透明度,还能增强投资者对公司的信任。因此,他带领团队精心策划、撰写每一份公告,确保内容准确、完整。同时,他们还注重公告的语言表达,力求让投资者能够轻松理解公司的经营状况和未来发展计划。

正因为如此,完美世界在深交所信息披露考核中连续多年荣获"A"级最高评级。这不仅体现了完美世界在信息披露方面的卓越表现,也反映了监管机构和市场对其的高度认可。这份认可不仅是对马骏及其团队的肯定,更是对完美世界诚信经营、稳健发展的褒奖。

除了获得荣誉之外,完美世界还通过高质量的信息披露赢得了投资者的信任和支持。通过仔细阅读公司的公告,投资者能够更好地了解公司的经营情况和未来发展前景,从而做出更明智的投资决策。这种良性的互动关系,进一步促进了公司的稳定发展。

当然,高质量的信息披露不是一蹴而就的。马骏及其团队需要不断地学习、总结经验,以应对日益复杂的资本市场环境。同时,他们还需要与投资者保持密切沟通，及时了解他们的需求和关注点，以便更好地完善信息披露工作。

总之，将 ESG 信息披露提升至战略高度，并从宏观战略层面予以高度重视和精心谋划，是企业在当今时代实现可持续发展和提升市场影响力的必然要求。

3.3.2 做信息披露不能"自娱自乐"

在进行 ESG 信息披露的过程中，企业不能"自娱自乐"，而要充分考虑利益相关者的实际需求与关注点。这是确保信息披露具有针对性与实用性的关键所在，其重要性不言而喻。

在进行 ESG 信息披露时，企业应深入了解和分析利益相关者的需求和关注点。企业不能仅从自身角度出发，片面地强调某些方面的成就或举措，而忽略了利益相关者真正关心的问题。

作为国内领先的保险公司之一，中国平安保险（集团）股份有限公司（简称"中国平安"）凭借其卓越的社会责任实践，成功入选"2022 年 A 股上市公司 ESG 最佳实践案例"。这一荣誉的获得，充分展示了中国平安在 ESG 领域所取得的显著成果和对社会做出的积极贡献。

在 ESG 治理方面，中国平安构建了清晰、透明的治理架构，将 ESG 理念深度融入公司战略。公司高层对 ESG 工作高度重视，将其视为推动公司可持续发展的重要途径。同时，中国平安还设立专门的 ESG 管理部门，负责统筹推进公司 ESG 工作的实施和落地。

在环境方面，中国平安积极响应全球环保倡议，聚焦"双碳"目标、循环经济及气候变化等国内外热门话题。中国平安不仅在内部推行绿色办公、节能减排等环保措施，还通过保险产品创新，支持清洁能源、绿色交通等环保产业的发展。此外，中国平安还积极参与国际环保合作，推动全球环保事业的进步。

在社会责任方面，中国平安始终坚持以人民为中心的发展思想，积极承担社会责任。中国平安不仅在保险业务领域为客户提供优质的保障服务，还通过慈善捐赠、公益活动等方式，支持教育、扶贫、医疗等社会公益事业。此外，中国平安还注重推动共同富裕和经济社会环境改善，为构建和谐社会贡献自己的力量。

在 ESG 信息披露方面，中国平安坚持以利益相关者的需求为指引，注重与投资者、客户、员工等利益相关者的沟通交流。中国平安定期发布 ESG 报告，详细披露公司在 ESG 领域的实践成果和未来计划。同时，中国平安还积极回应投资者关切的问题，通过线上线下渠道与投资者进行深入交流，增强投资者对公司的信任和认可。

在 ESG 信息披露中，将利益相关者的实际需求与关注点置于首位是至关重要的。只有这样，才能确保所披露的信息具有真正的价值和意义，有助于企业与利益相关者建立良好的关系，提升企业的声誉和竞争力，推动企业在可持续发展的道路上稳步前行。

3.3.3　精彩案例使信息披露报告更"丰满"

在当今社会，ESG 信息披露已成为企业展现可持续发展能力和社会责任担当的重要途径。一份高质量的 ESG 信息披露报告，不仅需要准确、全面地呈现企业在各个方面的表现，更需要通过精彩的案例来显得更"丰满"。

精彩案例的融入对 ESG 信息披露报告具有多重意义，如图 3-3 所示。

可直观展示行动和成果

提升报告的可信度与吸引力

让信息更具说服力

图 3-3　精彩案例对 ESG 信息披露报告的多重意义

首先，具体生动的案例能够以一种直观的方式向利益相关者展示企业在 ESG

领域所采取的实际行动和取得的成果。相较于抽象的数据和理论阐述，案例更能引发读者的共鸣和兴趣，使他们能够更好地理解企业的努力和贡献。

例如，一家致力于环境保护的企业，可以通过详细描述其参与的某个具体环保项目，如植树造林活动、水资源保护计划等，让读者切实感受到企业为改善环境所做出的努力和取得的实际效果。

其次，案例能够有效提升报告的可信度与吸引力。当企业能够提供真实、具体的案例时，利益相关者更容易相信企业在 ESG 方面的承诺和行动是真实可靠的。一个成功的案例往往比大量的宣传口号更具说服力，它能够向外界传递企业积极践行社会责任的信号，有助于提升企业的声誉和形象。

例如，某企业在员工福利和职业发展方面有突出表现，可以分享员工通过内部培训和晋升机制获得成长的具体故事。这不仅有助于吸引优秀人才加入，还能提升现有员工的归属感和忠诚度。

最后，精彩案例可以让信息更具说服力。在 ESG 信息披露报告中，仅仅罗列数据和指标可能会让读者感到枯燥乏味和难以理解。而案例可以将抽象的概念转化为具体的情境，使信息更加生动形象，易于理解。

例如，在阐述企业治理结构的完善时，可以以某次重要决策的制定过程为例，展示企业如何通过合理的决策机制和监督机制来确保决策的科学性和公正性。

精彩案例的融入是提升 ESG 信息披露报告质量和效果的重要手段。通过精心挑选和巧妙运用案例，企业可以让报告更加生动、可信、有说服力，从而更好地与利益相关者进行沟通和交流，推动企业的可持续发展和社会价值创造。

第 4 章
ESG 指标和评级体系：保护金融安全

　　ESG 指标和评级体系是保护金融安全的有力工具。它促使企业更加注重可持续发展，不断提升自身的竞争力和抗风险能力，同时也为金融市场的稳定健康发展奠定了坚实基础。随着社会各界对可持续发展的重视程度日益提升，ESG 将在金融安全领域发挥更加重要的作用，引领金融行业走向更加绿色、公平和可持续的发展道路。

4.1 指导 ESG 战略的关键指标

一些关键指标，如 KLD、DJSI 等，可以帮助企业更好地制定和执行 ESG 战略。企业可以根据自身所处行业、特点和目标，选择合适的关键指标来指导 ESG 战略。通过追踪和分析这些关键指标，企业可以评估 ESG 战略执行情况，发现问题并及时改进。

4.1.1 KLD 指标

作为一种专门用于衡量企业社会责任表现的评级体系，KLD 指标自诞生以来就受到了广泛关注。该指标由 Peter Kinder（彼得·金德）、Steven Lydenberg（史蒂文·雷登伯格）和 Amy Domini（埃米·多米尼）这三位创始人于 1988 年创立的 KLD 研究与分析有限公司精心研发而成。

KLD 指标包含正面指标和负面指标。正面指标主要包括企业在环境、社会和治理方面的积极行为和表现。在环境方面，企业在节能减排、资源循环利用、绿色产品开发等方面积极投入并取得成效；遵守环境法规，积极应对气候变化，实施可持续发展战略等行为，都被视为正面行为，被纳入正面指标中。

在社会方面，企业对社区关系的构建和维护，如参与社区志愿服务、推动社区项目发展等；对员工权益的保障，包括公平薪酬、职业健康与安全、员工培训等，都被视为正面表现。

在治理方面，完善且透明的决策机制、合理的高管薪酬体系等都被纳入正面指标中，因为这些能够体现企业良好的内部运营秩序。

而负面指标则关注企业在环境、社会和治理方面的负面行为和表现。在环境方面，严重的污染排放超标、资源过度浪费；违反环境法规，如非法排放、未取得环保许可等，都是负面表现。

在社会方面，歧视员工，侵犯员工权益，如性别歧视、劳动条件恶劣等；出现产品质量安全事故，给消费者造成伤害，都会被 KLD 负面指标记录。

在治理方面，治理结构不健全，存在内部人控制、利益输送等问题；信息披露不透明，隐瞒重要信息或误导投资者，都是负面表现。

KLD 通过正面指标和负面指标的综合评估，为企业提供一个全面而客观的 ESG 评级结果。这有助于投资者、消费者和其他利益相关者更好地了解企业的 ESG 表现，从而做出更加明智的决策。同时，这也促使企业不断改善自身的 ESG 表现，以赢得更广泛的市场认可和支持。

4.1.2 ASSET4 指标

ASSET4 数据库的 ESG 评级系统以其全面性、准确性和权威性受到了广泛认可，许多机构都选择使用这一评级系统来评估企业的可持续发展表现，并将其纳入投资决策过程。

ASSET4 的 ESG 评级系统从环境、社会和治理三个维度对企业进行综合评价。在环境方面，它关注企业在环保方面的投入和成效，如碳排放量、资源利用效率等；在社会方面，它重视企业在员工权益、客户关系及社会贡献等方面的表现；在治理方面，它则关注企业的管理结构、决策过程及透明度等关键因素。

通过参考 ASSET4 的 ESG 评级系统给出的环境、社会和治理方面的得分，投资者可以更加全面地了解企业的 ESG 风险。例如，一家在环境方面得分较低的企业可能面临着较大的环保压力和潜在的法律风险，而一家在社会和治理方面表现优秀的企业则可能拥有更稳健的经营基础和更强的市场竞争力。

基于 ASSET4 的 ESG 评级系统，投资者可以构建出更加符合自身价值观和风险偏好的 ESG 投资组合。他们可以选择在环境、社会和治理方面表现良好的企业作为投资标的，从而在获得财务收益的同时，积极践行社会责任和可持续发展理念。

ASSET4 的 ESG 评级系统为企业和投资者提供了一个全面、客观、权威的可持续发展评估工具。通过参考这一评级系统给出的结果，企业和投资者可以更好地了解企业在环境、社会和治理方面的表现，从而做出更加明智的决策。

4.1.3　FTSE4Good 指标

FTSE4Good 指数系列是首个度量符合全球公认企业责任标准的企业表现的指数系列，为全球投资者提供了重要的决策参考。这一指数系列由全球知名的指数提供商富时罗素（FTSE Russell）创建，旨在全面衡量企业在 ESG 实践方面的卓越表现。

FTSE4Good 指数系列的评估体系十分严谨，涵盖了企业治理、健康与安全、反腐败和气候变化等多个关键领域。被纳入该指数系列的企业，均在这些领域表现出色，达到一系列严格的环境、社会和治理标准。

在众多入选 FTSE4Good 指数系列的企业中，Sims Limited 无疑是一个引人注目的案例。2023 年 7 月，该企业成功入选该指数系列。这标志着其在可持续发展领域的全球领先地位得到了国际认可。

一直以来，Sims Limited 致力于推动循环经济的发展，通过创新的解决方案和技术，为环境保护和资源循环利用做出了巨大贡献。在环境、社会和治理方面，该企业同样表现出色，以极高的透明度和负责任的态度赢得了市场的广泛赞誉。

作为衡量企业 ESG 表现的重要工具，FTSE4Good 指数系列不仅为投资者提供了有价值的参考信息，还推动了全球企业积极履行社会责任、实现可持续发展。而像 Sims Limited 这样的优秀企业，正是这一指数系列所倡导和推崇的典范。

4.1.4 汤森路透指标

汤森路透指标在 ESG 风险评价中占据举足轻重的地位。下文将探讨汤森路透指标的内涵、应用领域以及其在金融市场的重要性。

汤森路透的 ESG 风险评价体系利用企业报告的数据，对企业在 ESG 方面的表现、承诺及其有效性进行客观衡量。

该体系的评分指标广泛涵盖了排放、环保、创新、人权、股东等十大主题，构建起一个全面的评估框架。其独特之处在于引入了综合性的 ESG 评分机制，并在此基础上对影响企业的重大 ESG 争议进行了量化处理。

汤森路透的 ESG 风险评价体系具有 4 大特点。

（1）分行业的 ESG 重要性权重分配。各行业面对的 ESG 挑战与机遇各不相同，例如，制造业可能更倾向于关注排放问题，而科技行业则更偏重于创新领域。定制化的权重比例使得评估更具针对性。

（2）透明度激励。通过基于企业披露的信息进行评级，该体系不仅鼓励企业积极公开信息，而且通过权重的合理分配，平衡了"非重要"与"高度重要"数据的权重。这样避免了仅关注"高度重要"数据而忽视其他方面，促使企业进行全面且真实的信息披露，确保每项数据都能发挥其应有的作用。

（3）评级区分行业和国家基准。在全球经济一体化的大环境下，同行比较不仅局限于国内，而是跨越国界。评级区分行业和国家基准能够使企业在全球范围内找到自身的位置，在同行群体内进行可比分析，从而激发企业不断改进，向更高的标准迈进。

（4）将 ESG 争议项纳入其中。重大争议项往往能反映企业在 ESG 方面的短板和潜在风险。明确重大争议项对整体评分的影响，能够使企业更重视并积极解决争议，不断提升自身的 ESG 表现。

汤森路透指标丰富的数据资源、广泛的应用领域以及高度的权威性使得投资者能够更好地了解市场动态，把握投资机会并降低投资风险。

4.1.5 DJSI 指标

DJSI（The Dow Jones Sustainability Indexes，道琼斯可持续发展指数）评级体系由美国标准普尔道琼斯指数公司和瑞士可持续发展资产管理机构 RobecoSAM 合作开发，旨在评估企业在经济、环境和社会三个方面的可持续发展表现。DJSI 评级体系包含 600 多个指标，其中既有通用指标，也有针对特定行业的行业指标。该评级体系通过对全球范围内的企业进行严格的筛选和评估，最终确定出那些在可持续发展方面表现卓越的企业，并将其纳入指数中。

DJSI 指标的特点在于全面性和严格性。在评估过程中，该指标不仅关注企业的财务状况，还综合考虑企业在环境、社会、治理等方面的表现。同时，评估过程还结合行业特点和企业规模等因素，以确保评估结果的公正性和准确性。

DJSI 指标在企业评估中究竟发挥着怎样的作用呢？如图 4-1 所示。

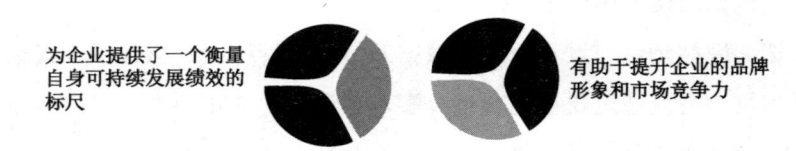

图 4-1 DJSI 指标在企业评估中的作用

首先，它为企业提供了一个衡量自身可持续发展绩效的标尺。通过对比 DJSI 指标的要求和自身的实际情况，企业可以清楚地了解自己在可持续发展方面的优势和不足，从而制定更有针对性的改进策略。

其次，DJSI 指标有助于提升企业的品牌形象和市场竞争力。企业被纳入 DJSI 指数，就意味着其在可持续发展方面表现卓越。这将对企业的品牌形象产生积极的影响，吸引更多投资者的关注和青睐。

综上所述，DJSI 指标作为衡量企业社会责任的关键工具，在评估企业可持续发展绩效方面发挥着重要作用。

4.1.6 Refinitiv 指标

Refinitiv 指标是 ESG 评级体系的重要组成部分，通过收集和分析大量非财务数据，构建起一套全面的评价框架。在环境方面，它涵盖了多个关键指标。例如，碳排放数据是重要的考量因素之一，它能直观反映企业生产经营活动对全球气候变化的影响程度；能源使用效率指标则评估企业在能源管理方面的成效，高效利用能源的企业不仅能降低成本，还能减轻对环境的负面影响；水资源管理指标对于那些高耗水行业的企业至关重要，它关注企业在水资源获取、利用和废水处理等方面的表现。

在社会方面，Refinitiv 指标同样丰富多样。员工多样性与包容性指标体现了企业在构建多元化工作环境方面的努力，一个拥有不同性别、种族、文化背景员工的企业，往往能激发更多的创新活力。劳动实践指标包括员工的工作条件、工资待遇以及职业发展机会等方面，良好的劳动实践有助于吸引和留住优秀人才。产品责任指标则聚焦于企业产品的质量、安全性以及对消费者的影响，确保企业提供的产品不会对社会公众造成危害。

在治理方面，董事会结构与独立性是一个核心指标。一个独立且高效的董事会能够更好地监督企业的运营，保障股东和其他利益相关者的权益。治理结构透明度这一指标则衡量企业信息披露的完整性和及时性，透明的治理结构能增强投资者的信心。此外，高管薪酬合理性指标也被纳入评价范畴，防止高管薪酬过高导致内部不公平。

Refinitiv 指标为投资者和利益相关者提供了丰富且深入的洞察视角。投资者可以借助这些指标筛选出具有可持续发展潜力的投资标的。那些 ESG 表现优秀的企业，往往在长期发展中更具韧性，能更好地应对各种风险和挑战。而对于利益相关者，如消费者、员工和社区等，这些指标可以帮助他们评估企业对社会和环境的影响，从而决定是否与该企业建立合作关系或者购买其产品。

值得一提的是，随着金融市场的不断发展，Refinitiv 指标也在不断更新和完善。它不断引入新的数据源和分析方法，以适应市场的变化和投资者的需求。

4.1.7 世界银行指标

2019年，世界银行集团（简称"世界银行"）构建了以国家作为评价对象的ESG评价体系，为投资者评估和理解全球各国在可持续发展方面的表现提供了全新视角。

该体系覆盖全球192个国家及其组成的若干实体，通过构建17个ESG主题（一级指标）和67个具体的二级指标，形成了全面而细致的评价网络。这些指标并非随意设立，而是基于对全球发展的深入洞察以及对可持续性核心要素的精准把握。

环境方面的指标包括能源使用与安全问题、自然资本禀赋和管理、排放和污染等，有助于投资者分辨出哪些国家在环境友好型发展方面处于领先地位，哪些国家需要在资源管理和污染控制上加大力度。例如，可再生能源占比高、森林覆盖率稳定或提升的国家在环境指标上得分较高。

社会方面的指标涵盖教育与基本技能、就业、社会平等、服务普及度等方面，反映了一个国家在满足人民基本生活需求、促进社会和谐稳定方面的努力。教育资源分配公平、医疗体系完善且能覆盖全体国民的国家，其社会指标的表现往往较为出色。

治理方面的指标包含人权、政府效能、经济环境、稳定与法治等。这些指标对于营造公平、有序、法治的商业环境意义重大。

与其他主要用于评估股价ESG水平的主流体系不同，世界银行的这套体系聚焦于国家层面。这意味着它不仅关注经济领域的短期效益，更是从宏观角度考量一个国家在长期可持续发展方面的综合表现，为全球政策制定者提供了重要的参考。各国可以根据自身在这些指标上的得分情况，找出发展中的短板，制定有针对性的政策和发展战略。

这一体系也为国际间的比较和交流提供了统一的平台,不同国家可以相互学习借鉴 ESG 方面的成功经验,共同推动全球可持续发展的进程。

4.2 ESG 评级流程

ESG 评级是一个严谨且复杂的过程,为衡量企业的可持续发展表现提供了重要的依据和参考,对于推动企业加快 ESG 实践有着积极的意义。

4.2.1 ESG 评级是"伪君子"的"武器"吗

近年来,ESG 评级备受关注,但也引发了一些争议。例如,一部分人担心它会成为"伪君子"的"武器"。

一方面,一些企业可能为了获得更好的 ESG 评级而做一些表面功夫,例如,采取一些象征性的环保举措、发布看似光鲜亮丽的社会责任报告,但实际行动却未能真正落实可持续发展。

另一方面,评级机构本身也可能存在一些局限性和偏差。不同机构的评级标准和方法可能存在较大差异,导致结果的可比性和可靠性受到质疑。这就可能被一些别有用心的人利用,来达到某些特定的目的,导致 ESG 评级成为一种"武器"。

然而,我们也不能完全否定 ESG 评级的积极意义。它确实推动了企业对环境、社会和治理问题的关注和重视,促使企业在这些方面做出改进和努力。

而且,真正注重可持续发展的企业,会将 ESG 理念深入贯彻到日常运营中,而不是仅为了评级而行动。对于投资者和社会公众来说,在参考 ESG 评级时,需要保持理性和批判性思维,不能单纯依赖评级结果来评估企业。

同时,评级机构也应该不断完善和改进自身的标准和方法,提高评级的科学性和准确性,降低评级结果被滥用的可能性。

总之，我们不能简单地将 ESG 评级视为"伪君子"的"武器"。它既有积极的一面，也存在一些问题和挑战。我们需要以客观、全面的视角来看待它，推动其更好地服务于企业的可持续发展和社会的进步。

4.2.2　ESG 评级涉及哪些流程

ESG 评级在当今社会的重要性日益凸显，那么它涉及哪些流程呢？如图 4-2 所示。

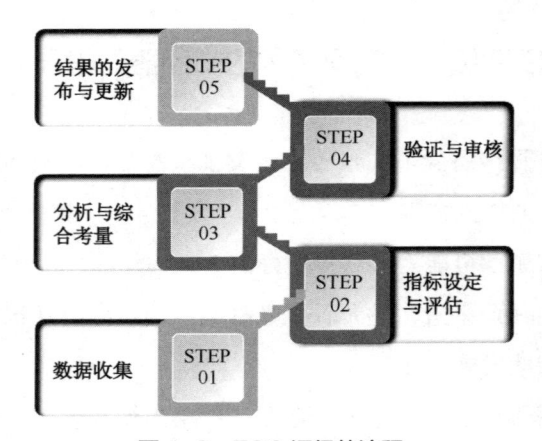

图 4-2　ESG 评级的流程

第一步是数据收集，这是整个 ESG 评级流程的基础。评级机构会广泛搜集企业在环境、社会和治理三个方面的数据，包括但不限于企业的碳排放数据、员工待遇与多样性情况、企业治理结构等数据。

第二步是指标设定与评估。根据特定的标准和框架，评级机构设立一系列 ESG 相关指标，并依据收集到的数据对企业在这些指标上的表现进行评估和打分。

第三步是分析与综合考量。评级机构对各项指标的评估结果进行深入分析，考虑它们之间的相互关系和权重，从而得出一个综合的 ESG 评级结果。

第四步是验证与审核。评级机构要对评级结果进行验证与审核，以确保结果的准确性和可靠性，避免出现错误或偏差。

第五步是评级结果的发布与更新。评级机构将得出的ESG评级结果向市场公布，随着企业实际情况的变化以及数据的更新，评级机构需要定期对评级结果进行更新。

ESG评级流程中的每一个环节都至关重要，只有严谨、科学地执行这些流程，才能得出有价值和可信度高的ESG评级结果，为投资者、企业和社会提供有意义的参考。

4.2.3 金融机构在ESG评级中的作用

金融机构凭借其专业的分析能力和广泛的信息渠道，成为ESG评级的重要推动者。它们能够深入研究企业在环境、社会和治理方面的表现，运用专业的评估方法和指标体系，为投资者提供客观、准确的ESG评级结果。

摩根大通等国际知名金融机构，通过对大量企业进行调研和分析，发布了具有权威性的ESG评级报告，引导资金流向更具可持续性发展潜力的企业。这不仅有助于投资者做出更明智的投资决策，还促使企业对ESG议题更加重视。

金融机构在ESG评级中的作用还体现在对资金配置的引导上。随着社会对可持续发展的关注度不断提高，越来越多的投资者开始将ESG因素纳入投资考量。金融机构通过调整资金的投向，对那些在ESG方面表现出色的企业给予更多的支持，而对表现不佳的企业则施加一定的压力。

这种对资金投向的引导，就如同一只"看不见的手"，推动企业积极践行ESG理念。此外，金融机构还可以通过创新金融产品和服务，助力企业提升ESG评级。它们可以设计专门针对ESG投资的基金、债券等产品，为投资者提供更加多元化的选择。

例如，在国家普惠金融政策的积极引领下，国泰产险始终坚守金融服务以人民为本的核心原则，积极承担保障民生、服务社会的重大责任与使命。为深入探索普惠保险实现高质量发展的有效路径，国泰财产保险有限责任公司（简称"国泰产险"）充分发挥自身数智化经营的特色与优势，精心构建普惠家庭综合保障方案。

该方案紧密围绕"健康、财富、责任"三大核心保障领域，致力于运用先进的金融科技与专业服务，构建一套全面细致、普惠大众的保障体系，确保每个家庭都能够更及时、更高效地获得必要的保险保障。得益于在 ESG 方面做出的诸多努力，国泰产险于 2023 年 12 月入选"2023 企业 ESG 普惠金融优秀案例"。

"不积跬步，无以至千里；不积小流，无以成江海。"金融机构在 ESG 评级中的每一次努力，都如同涓涓细流，汇聚成推动企业和社会可持续发展的强大力量。

4.3 常见 ESG 评级工具与机构

在当今的经济与社会发展格局中，ESG 评级工具与机构扮演着至关重要的角色。这些评级工具与机构，犹如市场的"指南针"，引导着资本的流向。正如古人云："千里马常有，而伯乐不常有。"它们充当着伯乐的角色，发掘那些真正注重可持续发展的企业。

4.3.1 标准普尔道琼斯指数

标准普尔道琼斯指数的影响力不容小觑，它由标准普尔公司和道琼斯公司这两大巨头联合创建，融合了两家公司在金融数据和分析方面的优势。这一指数通过对众多上市公司的股票进行综合评估和加权计算，反映出整个市场的总体表现。

对于投资者来说，标准普尔道琼斯指数具有重要作用，如图 4-3 所示。

首先，它提供了一个直观的市场整体状况晴雨表。投资者可以通过观察指数的涨跌，快速了解市场趋势，从而更好地制定投资策略。

例如，当指数持续上涨时，意味着经济形势较好，投资者可以适当增加风险资产的配置；反之，当指数下跌时，投资者需要谨慎投资。

1. 提供了一个直观的市场整体状况晴雨表
2. 为资产配置提供了重要参考
3. 具有国际影响力

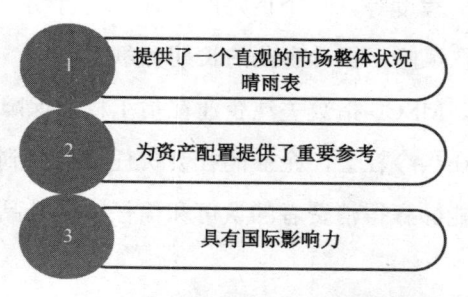

图4-3 标准普尔道琼斯指数的重要作用

其次，它为资产配置提供了重要参考。不同的行业和企业在指数中的权重不同，投资者可以根据指数中各板块的表现来调整自己的资产组合，实现更优化的资产配置。

最后，标准普尔道琼斯指数具有国际影响力。它不仅在美国市场举足轻重，在全球范围内也备受关注。许多国际投资者将其作为评估美国乃至全球金融市场发展情况的重要指标之一。

标准普尔道琼斯指数并非完美无缺，其也存在一些局限性，例如，它可能无法完全反映一些新兴行业或小型企业的真实情况。此外，市场的短期波动可能导致指数出现较大幅度的变化，但这并不一定完全代表市场的长期趋势。

在实际应用中，企业不能仅依赖标准普尔道琼斯指数来做出决策，还需要结合其他因素，如宏观经济数据、行业发展趋势、企业基本面等，以进行综合分析。

4.3.2　MSCI指数：多维度分析企业

MSCI指数之所以备受关注，关键点之一在于其能够全面、多维度地分析企业。它不仅仅关注企业的财务数据，如营收、利润、资产负债等，还深入考察企业的治理结构、社会责任履行情况及环境影响等方面。

从企业治理角度来看，MSCI 指数会评估企业的董事会构成、内部控制机制以及对股东权益的保护程度等。一个良好的治理结构有助于确保企业决策的科学性和公正性，降低潜在风险，提升企业的长期竞争力。

在社会责任方面，MSCI 指数关注企业在员工权益保障、供应链管理、社区贡献等方面的表现。在当今社会，企业的社会责任日益受到重视，那些积极履行社会责任的企业往往能够赢得消费者的认可和信任，提升品牌形象，为企业的可持续发展奠定基础。

环境影响也是 MSCI 指数重点考量的因素。随着全球对环境保护的关注度不断提高，企业的环境绩效成为衡量其价值的重要指标。企业的碳排放、资源利用效率等环境表现直接关系到其未来的发展潜力和风险。那些能够积极应对环境挑战、实现绿色发展的企业更具吸引力。

MSCI 指数从多维度分析企业的 ESG 表现，为金融市场提供了重要的参考和指引。它促使企业更加注重全面发展，推动金融市场朝着更加健康、可持续的方向发展。

4.3.3 恒生：重视 ISO 标准

恒生指数服务有限公司（以下简称"恒生"）是一家 ESG 评级机构，其对 ISO（International Standardization Organization，国际标准化组织）标准的高度重视助力其迈向更高的层级。

对于恒生而言，ISO 标准意义重大。它为恒生的评级工作构建了统一且规范的框架，确保了 ESG 评级具备科学性与客观性。在复杂多变的市场环境中，不同企业、不同行业情况各异，而 ISO 标准使恒生可以凭借通用的准则去衡量和评估各主体在环境、社会以及治理方面的表现，有效避免了主观因素引发的评级偏差。

重视 ISO 标准还让恒生能够与国际顺利接轨。在全球化的时代洪流中，金融市场早已突破国界的限制。恒生想要在国际舞台上彰显其 ESG 评级的权威性，遵循国际通行的标准是必然之举。ISO 标准宛如一把钥匙，开启了国际市场的大门，使恒生的评级结果能获得全球投资者、企业以及监管机构的认可。这不但提升了恒生的品牌价值，也推动了全球范围内 ESG 理念的传播与实践。

从行业发展的角度来看，恒生对 ISO 标准的重视为整个 ESG 评级行业树立了典范。行业领军者积极对接国际标准，必然会带动其他机构朝着更规范、更科学的方向发展。这有益于行业形成良性竞争，推动 ESG 评级技术不断创新，进而为投资者提供更为精准、可靠的信息，引导社会资源流向具有可持续发展潜力的企业和领域。

对于企业而言，恒生基于 ISO 标准所给出的评级能为其指明改进的方向。企业可以依据恒生的评级结果，对照 ISO 标准找出自身在 ESG 方面的短板，进而有针对性地进行整改和优化。

4.3.4 富时罗素：聚焦 ESG 数据

富时罗素是全球最为著名的金融市场指数公司之一，其发布的 ESG 评级体系为投资者评估企业可持续发展能力提供了清晰的指引。

富时罗素的 ESG 评级体系主要聚焦于企业 ESG 表现的三个关键方面。

1. 环境方面

在生产和经营过程中，企业的能源消耗模式、废弃物的排放情况以及资源利用效率等，都是对其环境表现进行评价的重点考量因素。

那些积极采用清洁能源、有效降低污染排放、致力于发展循环经济的企业，在环境方面会获得更高的评价。例如，一家制造业企业如果大力投资升级污水处理设备，减少废水排放，减轻对周边环境的破坏，那么其在环境方面的得分有望增加。

2. 社会方面

社会方面的评价是从更广泛的社会影响角度来审视企业。企业与员工的关系是否和谐，是否提供公平的薪酬待遇和良好的职业发展空间；企业在所在社区的公益投入情况以及对社会弱势群体的关怀程度等都在考量范围内。一家注重员工福利、定期开展职业培训、积极参与社区志愿服务的企业，在社会评价方面无疑会占据优势。这体现出企业不仅追求经济利益，还积极承担社会责任。

3. 治理方面

治理方面的评价主要关注企业管理层的有效性和透明度。一个拥有高效、专业管理层的企业，在战略规划、决策执行等方面能够展现出强大的实力。同时，信息披露的透明度至关重要，投资者需要清楚地了解企业的运营状况、财务状况和风险状况。企业若能建立完善的治理结构，确保信息公开透明，在这一方面就能获得较高的评价。

在富时罗素的评级体系中，企业的 ESG 得分介于 0~100 分。得分超过 80 分的企业被归入"领先"类别，它们是 ESG 领域的佼佼者；得分介于 60~80 分的企业被归类为"符合要求"，意味着它们在 ESG 方面的努力已大致满足既定标准；而得分低于 60 分的企业则被归类为"需要改进"，这为它们敲响了警钟，激励它们在环境、社会和治理方面采取更多行动和进行必要的改革。

通过全面聚焦和深入分析 ESG 数据，富时罗素的 ESG 评级体系为投资者提供了一个全面、科学的工具，帮助他们筛选出在可持续发展方面表现出色的企业。

第 5 章

金融科技与 ESG：撬动 ESG 新格局

金融科技为 ESG 带来了创新动力，使数据收集与分析更高效、更精准，助力企业更好地践行 ESG 理念。此外，金融科技还降低了 ESG 评估成本，提升了评估的透明度。借助金融科技手段，企业能更轻松地引导资本流向可持续发展项目，推动社会经济的绿色、和谐发展。金融科技与 ESG 的深度融合能够撬动 ESG 新格局，为可持续发展注入新活力。

5.1 新形势下的金融科技转型

在新形势下，金融科技转型势在必行，而 ESG 在此过程中扮演着重要角色。金融科技企业需要将 ESG 理念融入转型战略，关注环境可持续性，推动绿色金融发展；积极承担社会责任，以更公平、更包容的方式服务社会；加强企业治理，提升运营的透明度和稳健性。

5.1.1 金融科技的发展和变革

金融科技的发展体现在技术不断创新上。大数据、人工智能、区块链等技术的应用，使得金融服务更加高效、便捷和智能化。例如，通过大数据分析，金融机构能够更精准地评估风险和客户需求；人工智能可以为金融机构提供智能客服和投资决策辅助。

在变革方面，金融科技打破了传统金融的边界，提升了金融的普惠性，让更多人能够享受到优质的金融服务。同时，金融科技也催生了新的商业模式和金融业态，如互联网金融、数字支付等。

ESG 对金融科技的发展和变革有着重要意义。金融机构需要践行 ESG 理念，注重可持续发展。此外，金融机构还要考虑自身发展战略、金融业务对环境和社会的影响，积极承担社会责任，并建立良好的企业治理结构。

金融科技的发展与变革也为 ESG 带来了新的机遇。借助金融科技的力量，ESG 数据收集和分析更加准确、高效，有助于投资者更好地评估企业的可持续发展表现。

从宏观角度来看，金融科技的发展推动了金融行业的数字化转型，提升了整个金融体系的运行效率和稳定性。它为经济的发展注入了新的活力，也为金融机构应对各种金融挑战提供了新的思路和方法。

总之，金融机构应积极拥抱变化，充分发挥金融科技在推动经济发展和社会进步方面的作用，同时关注和解决其带来的问题，以实现金融科技与 ESG 的协同发展。

5.1.2　ESG 理念与金融科技完美契合

ESG 理念是现代商业核心价值体系的重要组成部分，凸显了环境、社会和治理三大维度的重要性。金融科技是近年来备受关注的新兴领域，为 ESG 理念的践行提供了强有力的技术支撑和工具。

具体而言，依托于大数据分析技术，金融科技能够深入剖析企业的 ESG 表现，为投资者提供更为全面、细致的决策依据。通过运用先进的算法和模型，金融科技可以快速处理和分析海量数据，从而及时发现潜在的 ESG 风险和机遇，助力企业实现可持续发展。金融科技的作用如图 5-1 所示。

- 助力绿色金融发展
- 提升金融服务的可及性和包容性
- 提升企业治理的透明度，完善监督机制

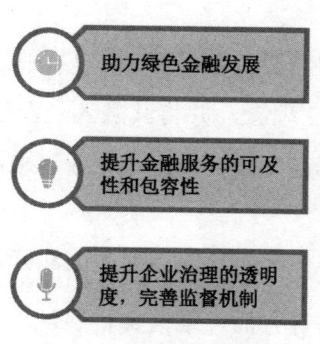

图 5-1　金融科技的作用

在环境方面，金融科技积极助力绿色金融发展，通过区块链技术提高绿色债券等金融产品的透明度和可追溯性，确保资金真正用于环保项目；借助物联网技术实时监测企业的碳排放等环境指标，推动企业履行环保责任，为生态文明建设贡献力量。

在社会层面，金融科技致力于提升金融服务的可及性和包容性。移动金融服务让偏远地区的人群也能享受到便捷的金融服务，促进社会公平。此外，通过大数据分析，金融科技能够深入了解弱势群体的金融需求，为其量身定制金融产品，助力普惠金融实现。

在治理方面，金融科技有助于提升企业治理的透明度并完善监督机制。例如，智能合约等技术能够确保企业决策和运营的公正性和规范性，降低内部风险。同时，金融科技还能促进 ESG 信息的披露和共享，助力搭建数字化平台，方便企业及时、准确地披露 ESG 信息，为投资者和其他利益相关者获取和分析数据以及做出科学的决策助力。

综上所述，ESG 理念与金融行业和金融科技的紧密结合为实现绿色、可持续发展的目标提供新的途径和可能性。企业应积极拥抱这一趋势，充分发挥 ESG 和金融科技融合的优势，推动 ESG 理念和金融科技的发展。

5.1.3　维信金科：金融科技与 ESG 的"碰撞"

维信金科是国内知名的消费金融品牌，是一家独立的线上消费金融服务提供商。维信金科始终秉持 ESG 理念，并将其融入企业运营的各个环节。此举不仅与国家提出的"双碳"目标高度契合，更与企业追求高质量发展的战略方向保持一致。

在助力新型城镇化建设、承担保护生态文明的社会责任、推动新质生产力的发展以及促进社会共同富裕等方面，维信金科展现出积极的姿态和坚定的决心。这不仅彰显了维信金科对社会责任的深刻认识，也体现了其作为行业领军企业的担当与使命。

在金融科技领域，维信金科以其前瞻性的视野、卓越的创新能力和稳健的发展策略，成为业界的佼佼者。作为这一领域的创新者与实践者，维信金科始终秉持 ESG 理念，致力于推动金融科技行业的可持续发展。

在 ESG 理念的指引下，维信金科不断加大科技投入，积极研发新技术、新产品，以满足市场日益增长的金融需求。在智能决策方面，维信金科利用大数据、人工智能等技术手段，构建高效的决策支持系统，实现了对风险、收益等关键指标的精准把控。

在科技驱动能力建设方面，维信金科积极引进并培养了一批优秀的科技人才，不断推动技术创新和产品升级。

在加大科技投入的同时，维信金科还注重合规稳健发展，严格遵守国家法律法规，规范业务流程，确保金融服务的合规性和安全性。此外，维信金科还积极响应国家关于绿色低碳发展的号召，通过全流程数字化和技术创新，降低能源消耗和碳排放，推动金融科技行业的绿色可持续发展。

金融科技与 ESG 的结合，使维信金科在市场竞争中脱颖而出。这种"碰撞"不是简单的叠加，而是深度的融合与创新。它既让金融科技的发展更具可持续性，又让 ESG 理念在金融领域落地生根。

5.2 金融科技基础架构分析

金融科技的基础架构包含诸多关键要素，这些要素共同支撑着金融行业的创新与进步。具体来说，云计算提供强大的算力支持，使得处理大规模数据和复杂运算成为可能。大数据成为重要的资产，为金融决策提供了丰富的数据基础和精准的分析依据。人工智能的引入推动金融服务智能化升级。区块链以去中心化、不可篡改等特性为金融交易提供安全保障。物联网使得金融服务能够渗透到更多场景中，为用户带来更为便捷、智能的服务体验。而火爆的 ChatGPT（Chat Generative Pre-trained Transformer，基于 GPT 系统的大模型构建）与 AIGC（Artificial Intelligence Generated Content，人工智能生成内容）能够智能生成自然语言内容，提升金融服务效率与质量，为金融领域带来新变革。

5.2.1 云计算

云计算在金融领域得到广泛应用,是金融科技的重要组成部分,它的作用如图 5-2 所示。

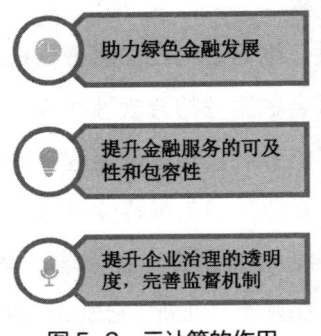

图 5-2 云计算的作用

- 助力绿色金融发展
- 提升金融服务的可及性和包容性
- 提升企业治理的透明度,完善监督机制

云计算能够提供强大的计算和存储能力,使得金融机构能够快速部署和扩展服务,满足不断变化的业务需求。这与 ESG 领域的高效运营理念相契合。借助云计算,金融机构可以更灵活地调配资源,减少资源浪费和硬件闲置,降低对环境的影响。

在社会层面,云计算能够提升金融服务普及度和包容性。它打破了地域限制,让更多人能够享受到便捷的金融服务。同时,云计算的高效性也提升了金融服务的质量和响应速度,增强了客户体验。

从企业治理角度来看,云计算提供了更可靠的数据安全和隐私保护机制。金融机构可以借助云服务提供商的专业技术和管理经验,确保数据的安全性和合规性。

然而,云计算在金融科技与 ESG 结合方面也面临一些挑战。例如,数据隐私和安全始终是一个关键问题,需要云服务提供商提供有效的保障措施。此外,金融机构对云计算的依赖可能带来一些潜在风险,如服务中断等。

为了更好地发挥云计算在 ESG 领域的作用，金融机构需要与云服务提供商紧密合作，建立完善的风险管理和监控机制。同时，金融机构还要不断提升自身的技术能力和治理水平，以适应云计算环境下的新要求。

总之，作为金融科技基础架构的重要组成部分，云计算在 ESG 领域具有广阔的应用前景和巨大的潜力。金融机构与企业应充分认识到其优势和挑战，积极推动云计算与 ESG 的深度融合。

5.2.2　大数据

大数据为 ESG 提供了海量的信息来源。通过收集和分析来自各种渠道的数据，如企业运营数据、环境监测数据、社会舆情数据等，大数据能够更全面、更准确地评估企业的 ESG 表现。

在环境方面，大数据可以监测企业的能源消耗、碳排放等指标，为推动绿色金融发展助力；帮助投资者识别真正致力于环境保护的企业，引导资金流向可持续发展项目。

在社会方面，大数据能够洞察企业在员工权益、社区关系等方面的情况；及时发现潜在的社会风险和问题，促进企业更好地履行社会责任。

在治理方面，大数据有助于分析企业的决策过程、内部管理等，提升企业治理的透明度和有效性。

然而，大数据在 ESG 领域的应用也面临一些挑战。例如，数据的质量和准确性至关重要，还要确保数据的可靠性和完整性；数据隐私和安全问题不容忽视，要确保数据不被滥用。

为了更好地发挥大数据在 ESG 领域的作用，金融科技企业需要不断提升数据处理和分析能力，建立完善的数据管理体系；加强与各相关方的合作，共同推动大数据在 ESG 领域的应用和发展。

例如，淄博市热力集团有限责任公司（以下简称淄博热力）成功构建了智慧供热大数据分析管理平台，充分运用机器学习技术深入挖掘历史数据与用户需求，成功建立了研发站供热负荷预测模型、用户室温预测及智能调控模型等一系列先进模型。该平台基于云计算与大数据平台，致力于研发国内领先的余热回收利用技术，以推动能源利用效率的提升。

此外，结合平台的优势，淄博热力成功实施了"太阳能+空气源+水源"热泵多热源互补的新型能源供暖项目，实现了"冬季供暖、三季热水"的稳定供应。同时，淄博热力还积极推进污水源热泵供热项目，以市政原生污水作为热（冷）源，有效实现冬季供热与夏季供冷的双重功能，为城市可持续发展贡献力量。

总之，大数据作为金融科技基础架构的关键组成部分，在 ESG 领域展现出巨大的潜力，为企业更好地理解和推动 ESG 的发展提供了有效的工具和有力的支持。

5.2.3 人工智能

随着金融科技领域蓬勃发展，人工智能逐渐成为推动 ESG 实践向前迈进的关键力量。ESG 理念倡导企业在追求经济效益的同时，也应积极履行社会责任，关注环境保护和社会公平，以实现可持续发展。

作为科技领域的领军企业，深圳市腾讯计算机系统有限公司（以下简称腾讯）一直致力于推动技术创新与可持续发展。在其发布的 2023 年 ESG 报告中，腾讯展示了其在人工智能领域的显著成果。其中，腾讯自主研发的基础模型腾讯混元已广泛应用于超过 600 个业务场景中，充分展示了其强大的实践应用能力和技术价值。

腾讯混元具备强大的学习能力和适应性，能够针对不同业务场景进行深度定制和优化。例如，在智能客服领域，腾讯混元能够准确理解用户的问题和需求，快速提供准确的答案和解决方案，极大地提升了服务效率和客户满意度。此外，在智能推荐、智能写作、语音识别等多个领域，腾讯混元也展现出了强大的应用潜力和价值。

在环保方面，腾讯积极引入 AI 调优技术，通过优化数据中心的能源使用和运营效率，有效降低了用电量和碳排放。这一举措不仅有助于减少企业的运营成本，更对推动绿色可持续发展具有重要意义。腾讯的环保实践得到了社会各界的广泛认可，展现了其在环境保护方面的积极态度和责任感。

在医疗领域，腾讯利用 AI 技术辅助诊疗，取得了显著的效果。借助深度学习、大数据分析等技术，AI 系统能够辅助医生进行疾病诊断、治疗方案制定等工作，提高了医疗服务的准确性和效率。同时，AI 技术还能够优化医疗资源分配，缓解医疗资源紧张的问题，为患者提供更加优质、便捷的医疗服务。

例如，在宫颈癌、乳腺癌筛查方面，借助 AI 辅助诊断技术，2023 年，腾讯在医疗资源匮乏地区的 13 个试点为约 10 万适龄女性提供两癌筛查诊断服务；腾讯青光眼 AI 辅助诊断系统能够识别青光眼样眼底病变，有效降低青光眼漏诊率和误诊率，提升青光眼筛查准确性和效率。

腾讯在 ESG 报告中展示了自己在人工智能领域的积极努力和成果。通过自主研发基础模型、引入 AI 调优技术等，腾讯不仅提升了自身业务的效率和质量，更为社会可持续发展做出了积极贡献。

5.2.4 区块链

在当下金融科技蓬勃发展的背景下，区块链技术以其独特的特性和优势，在 ESG 领域展现出巨大的价值和潜力。

2023 年 8 月，瑞幸咖啡凭借其在业财数据管理领域的卓越创新举措，成功荣获由华尔街见闻主办的"0 碳未来·ESG 创新实践榜"第二届中的区块链业财创新奖。这一荣誉不仅是对瑞幸咖啡在业财管理领域所取得成就的高度认可，更是对其持续探索和创新精神的褒奖。

作为国内领先的咖啡连锁品牌，瑞幸咖啡一直致力于提升业财数据管理的效率和质量。近年来，随着区块链技术的快速发展，瑞幸咖啡敏锐地捕捉到其在业财管理领域的巨大潜力。于是，瑞幸咖啡开始积极探索区块链技术的应用，力求将这一前沿技术与业财数据管理相结合，实现更高效、更可靠的数据管理。

在区块链技术的运用上，瑞幸咖啡巧妙地利用其多方参与、不可篡改以及可追溯等独特优势。通过将关键控制环节与重要数据实时上链存储，瑞幸咖啡确保了数据的真实性和完整性。同时，区块链技术的去中心化特性也使得数据更加安全、可靠，有效避免了数据被篡改或丢失的风险。

这一创新举措不仅显著提升了瑞幸咖啡业财数据的可靠性，还有效推动了业财控制水平的进一步提升。通过实时监控和追踪数据的变化，瑞幸咖啡能够更准确地掌握业务运营状况，及时发现并解决问题。同时，这也为瑞幸咖啡的决策层提供了更加全面、准确的数据支持，帮助他们做出更加明智的决策。

5.2.5 物联网

随着科技的快速发展，物联网技术在各行各业得到了广泛应用，尤其是在金融科技领域，物联网技术逐渐成为推动金融行业变革的重要力量。与此同时，ESG理念日益受到重视，物联网在ESG领域的应用价值和优势也逐渐凸显。

深圳达实智能股份有限公司，以下简称达实智能是一家致力于智能物联网技术研发与应用的企业，近年来取得了显著的成就。该企业依托自主研发的AIoT（Artificial Intelligence & Internet of Things，人工智能物联网）管控平台，成功将物联网技术融入建筑节能领域，实现了对建筑能源消耗的精准实时监测与智能化优化控制，为行业的可持续发展贡献了重要力量。

达实智能的AIoT管控平台采用了先进的算法和数据分析技术，对建筑能源消耗进行实时监测。该平台能够实时收集建筑内的各类能耗数据，包括电力、水资源、燃气等，并进行深入分析和挖掘。通过对这些数据进行处理，该平台能够准确掌握建筑的实际能耗情况，为后续的优化控制提供有力支持。

在实时监测的基础上，AIoT 管控平台还实现了对建筑能耗的智能化优化控制。通过运用先进的控制算法和策略，平台能够根据建筑的实际情况和需求，自动调整各类设备的运行模式和参数，从而达到降低能耗、提高能源利用效率的目的。

物联网技术在金融科技基础架构中发挥着越来越重要的作用。在 ESG 理念的指导下，物联网技术有望为金融科技企业带来更加可持续和高效的发展机遇，引领行业迈向更加美好的未来。

5.2.6 火爆的 ChatGPT 与 AIGC

ChatGPT 作为当今热门的 AIGC 产品，功能十分强大。在金融服务领域，ChatGPT 的应用场景非常广泛。它可以作为智能客服系统，与客户进行实时对话，解答客户的疑问，提供相关的金融信息。与传统的客服系统相比，ChatGPT 具有更高的智能化水平，能够更准确地理解客户的需求，并提供个性化的服务。

ChatGPT 还可以应用于金融风险评估和预测领域。通过收集和分析大量的金融数据，ChatGPT 可以帮助金融机构识别潜在的风险点，并提供相应的解决方案。同时，它还可以对金融市场的发展趋势进行预测，为金融机构的决策提供有力支持。

ChatGPT 能够生成高质量的文本内容，可以为金融机构提供丰富的创意和灵感，推动金融产品和服务创新。这不仅有助于提升金融机构的竞争力，还可以为客户提供更加多样化、个性化的金融服务。

ChatGPT 火爆的背后，是内容生产方式由 UGC（User Generated Content，用户生成内容）向 AIGC 转变。AIGC 可以生成高质量的文本、图像、视频等多种类型的内容。在金融服务领域，AIGC 可以辅助金融机构进行数据分析、风险评估和预测等工作，提供更加全面、深入的洞察。

此外，AIGC 通过生成吸引人的广告文案、宣传视频等内容，可以帮助金融机构吸引更多的潜在客户，提升品牌知名度和市场份额。

在金融科技基础架构中，AIGC 正逐渐成为重要的组成部分。AIGC 不仅能够提升金融服务的智能化和自动化水平，提高金融机构的工作效率，还降低了运营成本。

5.3 科技时代，金融科技赋能 ESG

在当今科技日新月异的时代，金融科技正以其强大的影响力赋能 ESG 领域，为可持续发展注入新的活力。ESG 是评价企业综合绩效和发展可持续性的重要标准，受到全球范围内很多企业和投资者的关注。而金融科技的发展，则让 ESG 的实践和推广变得更加便捷和高效。

5.3.1 金融科技如何为 ESG 赋能

金融科技如同一位得力的助手，全方位赋能 ESG 的发展，推动经济与社会向绿色、公平、更具活力的方向发展。

金融科技与绿色金融相互融合，有力地推动了环境的可持续发展。传统绿色金融在项目评估、风险管控等方面遭遇挑战，而金融科技的融入打破了这些瓶颈。金融机构利用大数据和人工智能，能够更为精准地评估绿色项目的环境效益与潜在风险。例如，在可再生能源项目的投资决策中，金融科技可以整合气象数据、能源需求数据等多元化信息，对项目的收益和减排效果进行预测，从而为绿色金融的发展注入新的活力，助力实现减少碳排放、保护生态环境等目标。

在普惠金融领域，金融科技的作用也不容小觑。它打破了金融服务的地域与门槛限制，使更多社会群体，尤其是偏远地区和低收入人群，能够享受到金融服务。网络借贷等金融科技产品为小微企业和个体经营者提供了便捷的融资渠道，促进了经济包容性增长。

在加强投资者教育、提升金融素养方面，金融科技也能发挥重要作用。借助线上教育平台、智能投资顾问等金融科技工具，投资者能够随时随地学习金融知识，了解 ESG 投资的意义和方法。这不仅有利于投资者做出更为明智的投资决策，还能够引导社会资金流向符合 ESG 理念的领域，推动经济的可持续发展。

金融科技还在助力数字社会、数字政府和智慧城市建设方面发挥重要作用。金融科技平台的广泛应用，不仅促进了公积金缴纳、医疗健康（如买药看病）、税务处理、日常缴费、民政事务办理以及教育培训等多元化便民服务与政务管理的便捷化，还极大地提升了政府在社会治理和公共服务供给方面的效率与效能。

在备受瞩目的第五届环球趋势大会上，光大理财有限责任公司（简称光大理财）凭借其《聚焦科技金融大文章，服务经济高质量发展》案例，荣获环球网颁发的"年度 ESG 发展优秀案例"奖项。这一荣誉的取得，是对光大理财在金融科技领域卓越贡献的充分肯定，也展现了其服务经济高质量发展的坚定决心。

光大理财凭借《聚焦科技金融大文章，服务经济高质量发展》这一卓越案例，充分展示了其在产品端的强大创新能力。光大理财深入洞察市场需求，紧跟金融科技发展趋势，成功打造了"七彩阳光微笑曲线"系列产品。

同时，光大理财还积极响应绿色发展理念，推出了碳中和主题理财产品"阳光橙增盈碳中和增强（182 天最低持有）"。这一产品旨在通过引导投资者关注环保、低碳等可持续发展领域，推动绿色经济的发展。通过投资具有碳减排效益的项目和企业，该产品不仅有助于实现碳中和目标，还为投资者带来了可观的收益。

此外，光大理财在 ESG 发展方面也取得了显著成果。其将 ESG 理念融入投资决策和风险管理中，通过优化投资组合、加强信息披露等方式，积极履行社会责任。同时，光大理财还积极开展 ESG 投资教育，提高投资者对 ESG 投资的认识和参与度。

想要更好地发挥金融科技对 ESG 的赋能作用，需要各方共同努力。金融机构应加大对金融科技的研发和投入，提升自身的 ESG 管理和决策水平。企业应积极拥抱金融科技，利用其提升 ESG 表现。政府和监管机构应加强政策引导和监管，在鼓励创新的同时防范风险。同时，加强国际合作与交流也很重要，有助于推动金融科技在 ESG 领域的全球发展。

5.3.2　注意事项：加强金融科技监管

金融科技创新为 ESG 目标的实现提供了强大的助力。然而，金融科技的快速发展也带来了一系列风险和问题。例如，数据安全和隐私保护问题尤为突出，大量 ESG 数据的存储和传输可能面临泄露风险；金融科技应用存在的算法偏差和不透明性问题可能导致决策不公平；金融科技的跨领域和复杂性使得监管难度加大。

为了有效加强金融科技监管，确保金融科技能够赋能 ESG，需要采取一系列措施，如图 5-3 所示。

1. 建立健全法律法规体系
2. 加强数据监管
3. 强化对金融科技应用的监测和评估
4. 强化自律意识，建立完善的内部治理结构和风险管理体系

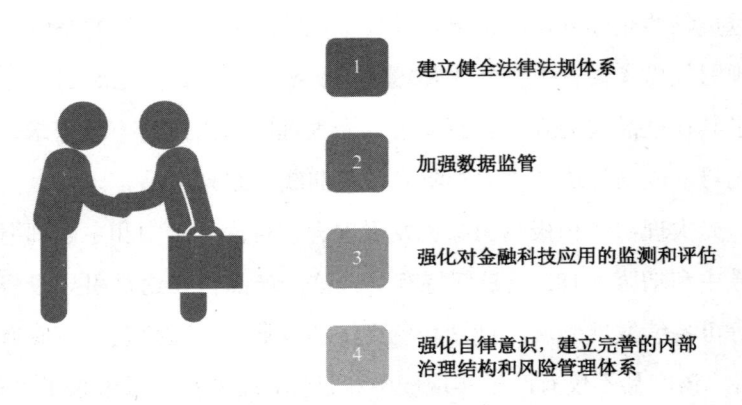

图 5-3　加强金融科技监管的措施

首先，监管机构应建立健全法律法规体系，明确金融科技在 ESG 领域的行为规范和责任界定。监管机构还要加强对金融科技企业的准入管理，确保其具备相应的技术能力和风险管理水平。

其次，监管机构要加强数据监管，要求金融科技企业严格遵守数据安全和隐私保护法规，确保 ESG 数据的安全存储和使用。同时，监管机构要建立数据共享

机制，在保障安全的前提下促进数据的合理流通和利用，以更好地支持 ESG 评估和决策。

再次，监管机构需要强化对金融科技应用的监测和评估，及时发现潜在的风险和问题。监管机构还要积极推动监管科技的发展，利用先进的技术手段提高监管效率和准确性；加强国际监管合作与交流，共同应对金融科技赋能 ESG 带来的全球性挑战。

最后，金融科技企业自身也应强化自律意识，建立完善的内部治理结构和风险管理体系；积极参与行业标准的制定，推动行业的规范化发展。

总之，加强金融科技监管对充分发挥金融科技赋能 ESG 的作用至关重要。只有通过合理有效的监管，金融科技才能真正推动 ESG 领域实现健康、有序发展。

5.3.3 陆金所控股：创新"乡村振兴+生态守护+碳中和"模式

陆金所控股有限公司（以下简称陆金所控股）是国内领先的小微企业金融服务赋能机构，其积极响应国家"双碳"战略的号召，不仅积极贯彻"金融为民"的核心理念，更在追求经济效益的同时，兼顾环境、社会和治理等多方面的可持续发展。通过金融科技的创新应用，陆金所控股成功将"小微金融服务""乡村振兴""生物多样性保护"等领域紧密相连，为广大民众带来实实在在的利益，促进人与自然的和谐共生，从而实现了长期、稳健、高质量的可持续发展。

陆金所控股成功创新并实践了"乡村振兴+生态守护+碳中和"的模式，实现了绿色低碳发展与乡村振兴的紧密融合，为乡村小微群体的长期融合发展提供了有力支持。该模式的核心在于赋能小微群体，针对一线生态守护者及国家公园周边乡民所面临的问题与需求，提供全面的解决方案。

在生态保护领域，陆金所控股致力于支持生态守护者，协助其解决设备升级、风险预防等问题，从而促进生物多样性保护进程的推进。例如，在大熊猫国家公园雅安片区移植了 5 万棵树苗，修复超过 604 亩受损的大熊猫栖息地。

在乡村振兴战略推进的过程中，陆金所控股致力于通过提升国家公园周边乡民及合作社的产销能力，助力绿色经济及生态友好型产品的研发与普及。此外，陆金所控股还依托国家公园的优质资源，将服务延伸至社会公众及全球范围，推动自然教育理念、活动及推广的多样化应用与传播，使广大民众受益。

陆金所控股还将 ESG 理念融入企业日常运营中，致力于服务小微企业主，为实体经济提供资金支持。在"三农"公益方面，陆金所控股积极为农业相关人群提供服务与支持。通过"乡村振兴+生态守护+碳中和"的创新模式，陆金所控股实现了"E+S"的有机结合，既推动了绿色低碳发展，服务了乡村振兴，又提升了自身的可持续发展能力和社会价值。

第6章 ESG 金融业务实践：摆脱利润困境

在当今复杂多变的金融环境中，ESG 金融业务实践为摆脱利润困境提供了新路径。企业应积极将环境、社会和治理因素纳入决策考量，在实现可持续发展的同时，挖掘新的利润增长点。具体而言，企业可以积极开发绿色债券、ESG 主题基金、ESG 理财、ESG 保险资管等产品，以提升自身竞争力，实现经济效益与社会效益的双赢，从而摆脱利润困境，迈向更具可持续性的未来。

6.1 绿色债券

作为一种具有创新性的金融工具,绿色债券在推动可持续发展方面发挥着重要作用。它为具有环境效益的项目提供了专门的融资渠道,促进了绿色产业的发展。通过发行绿色债券,企业和金融机构能够吸引更多关注可持续发展的投资者,助力实现经济与环境的协调发展。

6.1.1 绿色债券的定义与分类

绿色债券是一种特殊类型的债券,募集到的资金专门用于支持绿色项目、绿色产业或绿色经济活动。此类债券的推出旨在应对全球气候变化、资源枯竭及环境污染等挑战,从而促进可持续发展目标的实现。

按照用途,绿色债券主要可分为以下几种类型,如图 6-1 所示。

图 6-1 绿色债券的主要类型

1. 可再生能源债券

此类债券着重扶持太阳能发电项目,通过资金支持大规模太阳能电站的建设,推动太阳能技术的研发与应用。同时,这类债券还针对风力发电项目,推动风电场的建设及风力发电设备的更新换代。此外,这类债券还面向水力发电项目,为水电设施的建设和维护提供资金保障。

2. 能效债券

此类债券主要针对节能建筑项目，助力提升建筑物的能源利用效率，降低能源消耗和碳排放。此外，这类债券也支持工业节能项目，促使企业优化生产工艺，实现节能减排。

3. 污染防治债券

例如，大气污染治理债券，为减少大气污染物排放的项目提供资金；水污染治理债券，用于改善水体质量；土壤污染修复债券，促进受污染土壤的恢复和治理。

4. 自然资源保护债券

例如，森林保护债券，用于保护森林资源，防止滥伐和森林退化；湿地保护债券，支持湿地生态系统的维护和恢复；生物多样性保护债券，为保护珍稀物种和生态系统多样性提供资金。

除了按照用途分类，还存在其他分类方法。例如，根据发行主体的差异，可将绿色债券分为政府绿色债券和企业绿色债券；根据特点的不同，可将绿色债券分为可持续发展债券、绿色抵押债券、绿色融资债券等。

绿色债券的发行和交易，进一步提升了全社会对环境保护和可持续发展的重视程度，推动了经济、社会和环境的协同发展。

6.1.2 发行端与投资端

随着全球气候变化和环境问题日益严峻，绿色金融作为一种可持续发展的金融模式，逐渐成为我国金融市场的重要发展方向。绿色债券是绿色金融的重要组成部分，旨在为绿色产业项目提供资金支持。

在债券发行方面，企业、金融机构、政府等发行方通过发行绿色债券，为具有明确环境效益的项目筹集资金。发行方须严格遵守相关标准和规范，确保所募集资金投向绿色发展领域，如可再生能源、节能减排、环境保护等。

这既需要对项目进行精心策划和筛选，以确保其环境效益的真实性和可持续性，同时还要建立透明的信息披露机制，向投资者展示资金的具体用途和项目进展。发行绿色债券是发行方展示其社会责任和环境承诺的重要途径，有助于提升其社会形象和声誉。

在债券投资方面，投资者对绿色债券的关注度逐渐上升。投资者选择绿色债券，一方面源于对环境和可持续发展的关注与责任感，希望通过投资支持绿色项目发展，为应对全球环境挑战贡献力量。

另一方面，绿色债券具有很强的投资吸引力。其通常具备相对稳定的收益，且随着全球对可持续发展的重视程度不断提高，绿色债券市场需求持续增长，具备巨大的资本增值潜力。投资绿色债券还有助于投资者实现投资组合多元化，降低投资风险。

为了更好地促进绿色债券的发展，发行端和投资端需要共同努力。绿色债券的发行端和投资端是相互关联、相互促进的。只有各方共同努力，才能充分发挥绿色债券的优势，推动可持续发展目标实现，为创造绿色、低碳、可持续的未来奠定基础。

6.1.3 抓住收益挖掘机会

绿色经济不断发展壮大，一些优质的绿色债券项目往往具有良好的发展前景和盈利能力，其价值不断提升，从而为投资者带来资本增值的机会。

为了更好地抓住绿色债券带来的收益挖掘机会，投资者需要采取一系列策略和行动。首先，要深入了解绿色债券市场的特点和规律，掌握不同绿色债券的发行主体、项目背景、风险特征等信息。通过对这些信息进行分析和研究，投资者可以筛选出具有较高投资价值的绿色债券。

其次，要建立多元化的投资组合，将绿色债券与其他资产类别进行合理搭配，以降低风险并提高整体收益水平。

最后，还需要密切关注市场动态和政策变化，及时调整投资策略。例如，政府对绿色债券的政策支持、环保技术的进步、市场对绿色项目的认可度等因素，都可能对绿色债券的价格和收益产生重要影响。

当然，投资绿色债券并非毫无风险。例如，项目的实际效果可能不如预期，导致债券的兑付出现问题；市场波动可能会影响债券的价格。因此，投资者需要在追求收益的同时，保持理性和谨慎，充分评估风险，并采取有效的风险控制措施。

总之，绿色债券为投资者提供了丰富的收益挖掘机会。通过深入研究、合理规划和谨慎操作，投资者可以在绿色债券市场中找到适合自己的投资机会，实现经济收益与社会责任的和谐统一。

6.2 ESG 主题基金

近年来，ESG 主题基金成为金融市场中的新兴力量，受到广泛关注。它将环境、社会和治理因素纳入投资考量，不仅追求经济回报，更注重履行社会责任。ESG 主题基金为投资者开辟了一条参与可持续发展的新途径，引导资金流向那些积极履行社会责任、注重环保和治理质量的企业，既促进了企业的正向发展，也为投资者带来了长期稳定的投资回报。

6.2.1 ESG 主题基金相关背景

在全球对可持续发展紧迫性认识日益加深的背景下，越来越多的企业逐渐认识到自己不应仅局限于追求经济利益，还要积极承担环境、社会以及治理等方面的责任。这一理念的转变在金融领域产生了深远的影响，催生了 ESG 主题基金。

从环境层面来看，气候变化、资源短缺等全球性问题日益严峻，促使投资者更加关注企业的环保表现。那些积极采取节能减排措施、推动可再生能源发展、减少环境污染的企业，在 ESG 主题基金的评估中往往更具优势。

在社会层面，企业对员工权益的保障、对社区的贡献、对消费者权益的维护等都成为投资过程中的重要考量因素。具有良好社会声誉和正面影响力的企业，能够吸引更多的投资者，为 ESG 主题基金的发展注入动力。

在治理层面，健全的企业治理结构、透明的决策机制、有效的风险管理等对企业的可持续发展至关重要。那些治理良好的企业，能够更好地应对市场变化和挑战，为投资者创造更多价值。

ESG 主题基金的兴起，也得益于全球政策和监管环境的推动。各国政府和监管机构纷纷出台相关政策，鼓励和引导金融机构将 ESG 因素纳入投资决策。同时，越来越多的企业也认识到践行 ESG 理念对提升自身竞争力和长期价值的重要性，积极主动地改善自身的 ESG 表现。

ESG 主题基金在当前的金融市场中具有重要的地位和意义。它不仅反映了社会对可持续发展的追求，也为投资者提供了一种新的投资理念和策略。

6.2.2 关键要素：产品+收益+行业配置

为了更好地把握 ESG 投资机会，投资者需要深入了解 ESG 主题基金的关键要素，如图 6-2 所示。

ESG主题基金的关键要素
- 产品设计与定位是基金成功的基石
- 收益是投资者关注的核心之一
- 行业配置起着关键的引领作用

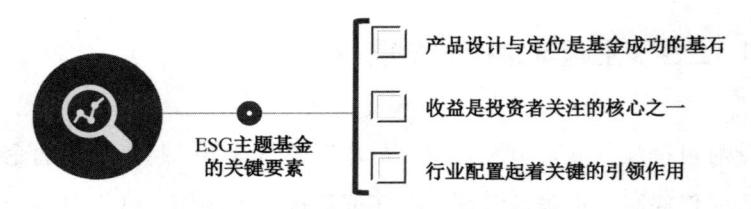

图 6-2 ESG 主题基金的关键要素

就产品而言，ESG 主题基金的产品设计与定位是其成功的基石。一款优秀的 ESG 主题基金产品，须具备明确的投资目标和策略。它应精心挑选符合 ESG 标准的标的资产，无论是股票、债券还是其他金融工具，都须经过严格的筛选和评估。

产品的结构设计也应合理，以满足不同投资者的需求和风险偏好。同时，产品的透明度和信息披露也不容忽视，投资者需要清楚地了解基金的投资组合、决策过程以及 ESG 表现，以便做出明智的投资决策。

收益是投资者关注的核心之一。ESG 主题基金并非仅仅追求承担社会责任，还致力于为投资者带来可观的收益。通过对环境、社会和治理因素的考量，基金能够筛选出更具可持续发展潜力的企业。这些企业往往在长期运营中展现出更强的竞争力和抗风险能力，从而带来可观的收益。

当然，要想获得巨额收益，基金经理需要具备卓越的投资管理能力和对市场趋势的敏锐洞察力，在不同的经济环境和市场周期中灵活调整投资策略，以确保收益的稳定性和可持续性。

行业配置在 ESG 主题基金中起着关键的引领作用。不同行业在 ESG 表现上存在显著差异，例如，新能源、环保等行业在环境方面具有明显优势，而一些科技企业可能在社会创新和治理结构上表现出色。

基金经理需要根据 ESG 理念对各个行业进行深入分析和评估，合理配置资产在不同行业之间的比例。此外，基金经理既要关注那些具有高 ESG 得分的成熟行业，也要挖掘具有潜力的新兴行业，以实现投资组合的多元化和优化。

6.2.3 重视长短期业绩和风格

近年来，ESG 主题基金在我国资本市场受到广泛关注。在投资 ESG 主题基金时，投资者需要全面评估其长短期业绩和风格，以确保投资决策的合理性和有效性。

首先，投资者需要关注 ESG 主题基金的长短期业绩。长期业绩反映了基金管理人在较长时间内对 ESG 投资理念的贯彻和执行能力，短期业绩则揭示了基金在近期市场环境下的适应性和灵活性。投资者在选择 ESG 主题基金时，应综合考虑其长短期业绩表现，避免过度关注短期收益而忽视了长期投资价值。

其次，投资者需要关注 ESG 主题基金的风格。ESG 投资涵盖了多个领域，包括环保、社会责任和企业治理等。不同基金的风格不同，可能只侧重于某一领域。例如，环保型基金关注清洁能源、节能减排等；社会责任型基金关注企业社会责任、员工福利等；企业治理型基金关注企业治理结构、信息披露等。

投资 ESG 主题基金需要投资者重视其长短期业绩和风格。投资者应在全面了解基金业绩、风格和管理人能力的基础上，做出明智的投资决策。同时，投资者还应保持对 ESG 投资市场的关注，不断学习和了解相关知识，以提高投资决策的准确性和有效性。

6.3 ESG 理财产品

随着 ESG 理念的推广和普及，很多金融机构都推出了 ESG 理财产品，ESG 理财产品逐渐成为投资市场中的热门选择。它将环境、社会和治理因素纳入考量，注重可持续发展，长期收益稳定，契合当下追求稳定回报的投资趋势。

6.3.1 ESG 理财持续升温

在经济新常态下，人们的理财观念逐渐改变，ESG 理财产品逐渐成为投资市场的热点，吸引越来越多投资者关注和参与。

2024 年上半年，理财市场中累计发行 ESG 主题理财产品 77 款，募集资金总计超过 360 亿元。截至 2024 年 6 月末，ESG 主题理财产品的存续金额达 1 880 亿元，同比增长 18.54%。在众多理财企业中，农银理财有限责任公司、兴银理财有限责任公司和华夏理财有限责任公司的存续产品数量相对较多，在市场中处于领先地位。

ESG理财升温，无疑是时代发展的必然趋势，它以独特的理念和优势，为广大投资者开启了理财的新视界。具体来说，ESG理财具有以下优势。

首先，ESG理财注重企业在环境、社会和治理方面的表现，符合当今社会重视可持续发展、企业社会责任的需求。在过去的投资过程中，投资者主要关注企业的财务指标，而忽视了企业在环境、社会和治理方面的表现。实际上，非财务指标往往对企业长期价值的实现具有重要意义。

其次，ESG理财具有独特的投资策略，能够有效降低投资组合的风险。通过对企业在环境、社会和治理方面的表现进行评估，ESG理财能够筛选出具有良好ESG表现的优质企业。这些企业往往能够更好地应对各种挑战，具备较强的抗风险能力。

最后，ESG理财有助于推动企业改善ESG表现，实现可持续发展。通过投资ESG理财产品，投资者可以向企业传递积极的信号，鼓励企业注重其在环境、社会和治理方面的表现。这有助于企业提高自身的竞争力，实现可持续发展，从而为投资者创造更大的价值。

ESG理财的持续升温并非偶然。随着社会的发展，人们对于环境、社会以及企业治理的关注度不断提高。投资者的投资理念也在悄然发生变化，他们不再仅仅满足于获取经济利益，更希望通过投资为环境保护、社会和谐以及企业的良好治理贡献一份力量。ESG理财恰好满足了投资者这种多元化的需求，它不仅仅是一种投资方式，更是一种对社会和环境负责任的生活态度的体现。

6.3.2　ESG理财产品的特征

ESG理财以全新的理念和鲜明的特征，为投资者提供了更加可持续、负责任的投资选择。ESG理财产品具有5个特征，如图6-3所示。

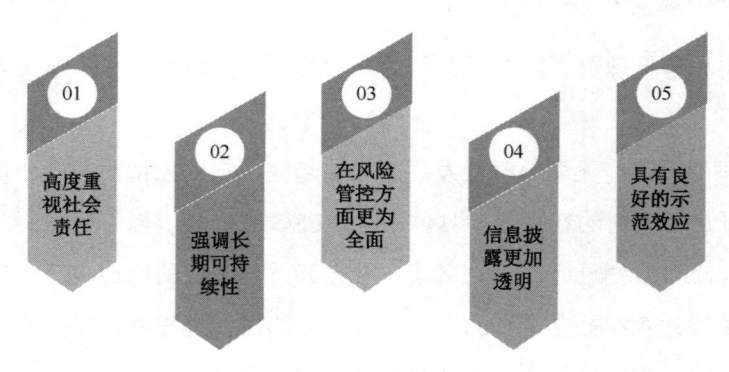

图 6-3　ESG 理财产品的 5 个特征

1. 高度重视社会责任

在投资决策中，ESG 理财产品会优先选择那些在环境保护、社会公益等方面有突出表现的企业。这种选择不仅是为了追求经济利益，更体现了对全社会利益的考量和对企业社会责任的积极践行。

2. 强调长期可持续性

与传统理财产品追求短期收益的策略不同，ESG 理财产品注重企业的长期发展能力。在环境、社会和治理方面，这些产品会挑选具有持续发展能力的企业进行投资，以保障资产的长期增值。

3. 在风险管控方面更为全面

通过对 ESG 因素的深入分析，ESG 理财产品能够更好地评估企业面临的潜在风险，从而做出更科学的投资决策，降低风险水平。这不仅保障了投资者的利益，也有助于提升整个金融市场的稳定性。

4. 信息披露更加透明

购买 ESG 理财产品的投资者可以更清楚地了解资金的投向和运作过程，以及所投资企业在 ESG 方面的具体表现。这种透明度不仅有助于投资者做出明智的投资决策，也能推动企业不断提升自身的 ESG 水平。

5. 具有良好的示范效应

随着 ESG 理财产品的推广和数量的增多，越来越多的企业更注重自身的 ESG 建设，从而推动整个经济社会向更加可持续的方向发展。这种示范效应有望引领新一轮的绿色发展潮流。

总之，这些特征使得 ESG 理财产品在市场中独具魅力，投资者不仅能获得经济回报，还能为社会发展和环境改善贡献力量。

6.3.3 分类了解 ESG 理财产品

ESG 理财产品涵盖了多种投资类型，为投资者提供了丰富的选择。投资者在选择 ESG 理财产品时，应根据自身的风险承受能力、投资目标和期限等因素进行综合考虑。为了帮助投资者更深入地了解 ESG 理财产品，下面将分类探讨理财产品。

（1）侧重环境保护的 ESG 理财产品。在这类产品中，环保理念贯穿于整个投资过程。它们重点关注那些在环保领域有突出贡献的企业，如积极开展节能减排、致力于可再生能源开发的企业。依托于资金的导向作用，这些产品能够推动环境保护事业的发展，实现经济效益和环境效益的双赢。

（2）以社会责任为核心的产品。这类产品在选择投资标的时，会优先考虑那些在员工权益保障、社区公益投入、供应链可持续等方面表现优异的企业。投资这些企业可以促进社会的公平与和谐发展，实现企业与社会共同进步。

（3）强调企业治理的 ESG 理财产品。这类产品注重企业的治理结构是否完善、决策过程是否透明、管理层是否诚信等因素。通过对这些方面进行评估，产品能够有效降低潜在风险，保障投资者利益。

总之，作为一种新兴的投资方式，ESG 理财不仅关注投资回报，还兼顾环保、社会责任和企业治理等多方面因素。通过投资优质企业，ESG 理财产品能够推动社会和谐、环境友好和企业治理水平的提升，为投资者带来可持续的收益。

6.3.4　ESG 理财产品面临的三大挑战

虽然 ESG 理财产品在资产配置中的地位不断提升，但是其在发展过程中也面临着一系列挑战，如图 6-4 所示。

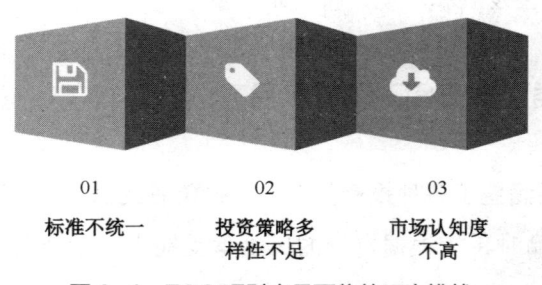

图 6-4　ESG 理财产品面临的三大挑战

1. 标准不统一

不同机构对 ESG 的评价标准存在差异，给投资者比较和选择产品带来一定的困扰，也影响了市场的规范化发展。由于缺乏统一的标准，投资者难以直接对比不同 ESG 理财产品的表现，更难以确保评估结果的客观性和准确性。

2. 投资策略多样性不足

虽然 ESG 理财产品在全球范围内受到广泛关注，但目前市场上的产品种类和投资策略相对有限。许多 ESG 理财产品主要通过筛选符合 ESG 标准的优质企业进行投资，投资策略不够多元化，且创新性不足。

3. 市场认知度不高

ESG 理财产品的市场认知度与金融市场的发展水平和投资者结构密切相关。

长期以来，金融市场以散户为主，投资者对风险的识别和承受能力相对较弱。而在 ESG 投资领域，投资者需要关注企业在全球范围内在环境、社会和治理等方面的表现，这对投资者的专业素养和风险评估能力提出了更高要求。

综上所述，ESG 理财产品在发展过程中面临着诸多挑战。要想充分发挥 ESG 理财产品在资产配置中的优势，就要面对这些挑战，并进行一定的创新和改进。

6.4 ESG 保险资管产品

ESG 保险资管产品是指将环境、社会和治理因素纳入投资决策和风险管理流程的保险资产管理产品。这类产品不仅关注传统的财务指标，还考虑企业在环境、社会和治理方面的表现，旨在实现经济、社会和环境的可持续发展。

6.4.1 ESG 助力保险资管领域转型

ESG 投资作为一种新兴的投资理念，对推动保险资管领域转型具有重要意义。保险资管企业应充分认识到 ESG 投资的重要性，积极调整投资策略，提升 ESG 投资能力，为行业的可持续发展贡献力量。

中国人寿资产管理有限公司是我国金融领域的领头羊，始终保持对社会责任和环境保护的敏锐洞察。2018 年 11 月，该公司正式签约加入联合国责任投资原则组织，展现了其对 ESG 和绿色投资理念的坚定承诺。

该公司明确将绿色投资视为长期主题、长期赛道与战略主线，积极调整投资策略，以实现可持续发展。在投资决策过程中，该公司充分考虑环境、社会和治理因素，确保投资项目符合国家环保政策，助力绿色产业发展。同时，该公司还积极承担社会责任，通过投资绿色项目，推动经济、社会和环境的协调发展。

截至 2023 年一季度末，中国人寿绿色投资存量规模已超过 4 600 亿元，展现了公司践行绿色投资理念的坚定决心。其中，其旗下资产公司绿色投资存量规模接近 3 700 亿元，进一步彰显了其在绿色投资领域的领导地位。

ESG 为保险资管领域的转型提供了有力的支撑和引领。在 ESG 的助力下，保险资管行业将迎来更加广阔的发展空间和更美好的未来，为社会和经济的可持续发展做出更大的贡献。

6.4.2 ESG 保险资管产品发展现状

作为金融行业的一个分支，保险资管行业也在积极探索 ESG 投资，推动 ESG 保险资管产品的创新发展。

目前，ESG 保险资管产品呈现以下发展现状。一方面，市场规模持续扩大。随着对可持续发展理念的认识更加深入，越来越多的保险机构积极布局 ESG 保险资管产品，资金投入不断增加。

另一方面，产品种类日益丰富，涵盖了固定收益类、权益类等多种类型，以满足不同投资者的需求。

ESG 保险资管产品在推动可持续发展方面发挥了重要作用。它们引导资金流向具有良好 ESG 表现的企业和项目，促进经济、社会和环境的协调发展。

同时，监管政策也在不断完善，为 ESG 保险资管产品的发展提供了有力的支持。然而，保险资管产品也面临一些挑战。例如，ESG 评价标准不统一，可能导致产品之间的可比性较差；部分投资者对 ESG 理念的理解和认同度还有待提高。

尽管存在挑战，但 ESG 保险资管产品的发展前景依然广阔。随着全球对可持续发展的关注度不断提升，这类产品将迎来更多的发展机遇。保险机构需要不断提升自身的 ESG 管理能力和投资水平，以更好地适应市场需求。投资者也应加强对 ESG 保险资管产品的认识和理解，积极参与其中。

6.4.3 "固收+"为主要关注点

在当前的投资领域,"固收+"成为一个主要关注点。"固收+"与 ESG 保险资管产品相结合,展现出独特的魅力。

"固收+"策略以固定收益类资产为基础,通过搭配其他资产来提升收益弹性。而 ESG 保险资管产品注重环境、社会和治理因素,二者的融合具有诸多优势。

首先,对 ESG 因素的考量有助于筛选出更具可持续发展潜力的资产,降低投资风险。对于追求稳健收益的投资者来说,这是极具吸引力的。

其次,顺应了时代发展的需求。在全球高度重视可持续发展的背景下,ESG 保险资管产品能够吸引更多关注社会责任和环境保护的投资者。

最后,这类产品为市场提供了更多样化的选择。投资者可以根据自己的风险偏好和投资目标,在"固收+"的框架内,找到符合 ESG 理念的产品。

然而,也需要注意一些问题。例如,统一和完善 ESG 评价标准,以确保产品的质量和可比性;加强对投资者的教育,让他们更好地理解和接受 ESG 保险资管产品。

总而言之,"固收+"与 ESG 保险资管产品的融合是投资领域的一个重要趋势。它既满足了投资者对稳健收益的追求,又契合了社会可持续发展的要求。

第 7 章 ESG 投资：绿色时代新投资风口

　　随着全球对可持续发展和环境保护的日益重视，ESG投资理念逐渐成为企业界的共识，并吸引了大量资金涌入。ESG投资无疑成为一个新风口，为投资者提供了丰富的新机遇。通过关注企业在环境、社会和治理方面的表现，ESG投资不仅能够帮助投资者筛选出具有长期发展潜力的企业，还能够引领市场风向，推动更多企业加入绿色、可持续的行列中。

第7章
ESG 投资：绿色时代新投资风口

7.1 热门的 ESG 投资到底是什么

ESG 投资意味着投资者不仅看财务指标，更重视企业在环保、社会责任履行和治理方面的表现。它顺应了时代发展趋势，助力企业应对气候变化等全球性挑战。这种投资理念逐渐成为主流，引导资金流向积极承担社会责任和具有可持续发展潜力的企业，为经济与社会的可持续进步贡献力量。

7.1.1 背景分析：ESG 投资为什么能发展

ESG 投资的兴起并非偶然，而是由一系列复杂的因素共同推动的结果，如图 7-1 所示。

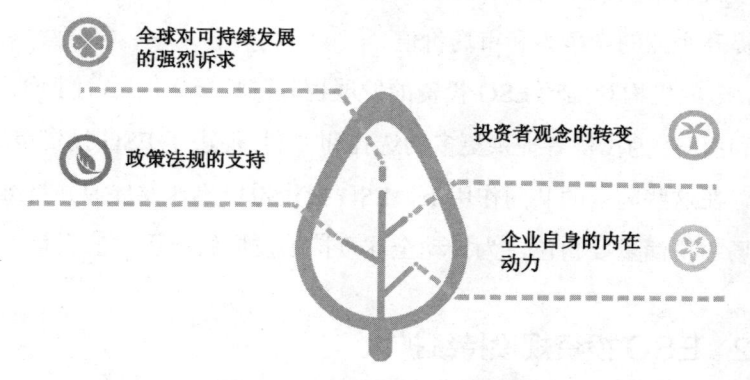

图 7-1 ESG 投资兴起的原因

1. 全球对可持续发展的强烈诉求

随着环境问题日益严峻和社会矛盾凸显，人们意识到经济发展不能以牺牲环境和社会公平为代价。ESG 投资正是对这种诉求的回应，它鼓励企业在追求利润的同时，积极履行环境保护和社会责任，提升治理水平，从而推动整个社会向更加可持续的方向发展。

2. 投资者观念的转变

现代投资者不再仅仅关注短期的财务回报，而更加注重投资的长期价值和稳定性。那些具有良好 ESG 表现的企业往往更具抗风险能力和发展潜力，能够为投资者带来更可持续的收益，因此受到了众多投资者的青睐。

3. 政策法规的支持

各国政府纷纷出台相关政策，鼓励和引导企业加强 ESG 实践，同时也对投资者的 ESG 投资行为给予一定的激励和保障。这为 ESG 投资的发展创造了良好的政策环境。

4. 企业自身的内在动力

在竞争日益激烈的市场中，良好的 ESG 声誉能够帮助企业吸引人才、客户和投资者，提升企业的竞争力和市场价值。

此外，金融机构对推动 ESG 投资的发展也起到积极作用。它们不断创新 ESG 投资产品和服务，为投资者提供更多的选择和便利，促进了 ESG 投资市场的活跃。

总之，在这些因素的共同作用下，ESG 投资得以迅速发展，并将继续在未来的金融市场中扮演重要角色，为推动全球可持续发展做出更大的贡献。

7.1.2　ESG 投资规模持续扩大

随着全球环境问题日益凸显，如气候变化、资源短缺等，社会对企业承担社会责任和进行环境治理的要求越来越高。投资者逐渐意识到，企业的长期价值不仅取决于财务业绩，更与其在环境、社会和治理等方面的表现息息相关。于是，很多投资者更青睐于进行 ESG 投资，以获得长期、可持续的收益。

正如古人云："不谋万世者，不足谋一时；不谋全局者，不足谋一域。"ESG

第7章
ESG投资：绿色时代新投资风口

投资从更长远、更全面的视角来审视企业，推动企业在追求经济利益的同时，积极履行社会责任，保护生态环境，提升治理水平。

北京商道融绿咨询有限公司的数据显示，截至2023年三季度末，我国ESG投资规模已达33.06万亿元。与2022年相比，增长34.4%，近3年的复合增长率达34.02%。这充分展现了ESG投资在我国市场上的强劲活力和巨大潜力，正引领着投资领域迈向新的高度。

ESG投资规模扩大的原因如图7-2所示。

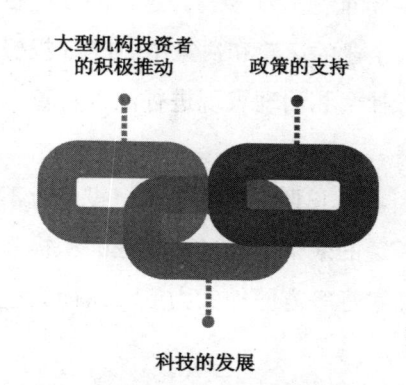

图7-2　ESG投资规模扩大的原因

从现实角度来看，大型机构投资者的积极推动是ESG投资规模扩大的一个重要原因。大力发展养老基金、保险等业务，具有长期投资视野的机构，纷纷将ESG因素纳入投资决策体系。它们深知，投资具有良好ESG表现的企业，不仅能够降低风险，还能为受益人创造可持续的回报。国际知名投资机构，如贝莱德，都在大力倡导和践行ESG投资理念，引领着行业的发展方向。

政策的支持同样至关重要。各国政府纷纷出台相关政策，鼓励企业加强ESG实践，引导资金流向ESG领域。例如，一些国家对ESG表现优秀的企业给予税收优惠、财政补贴等，进一步激发了企业和投资者的积极性。恰如顺水行舟，政策的东风助力ESG投资之舟破浪前行。

此外，科技的发展也为ESG投资提供了有力支撑。大数据、人工智能等技术的应用，使得 ESG 数据的收集、分析和评估更加准确和高效，为投资者做出科学决策奠定了坚实的基础。

ESG 投资规模的持续扩大是时代发展的必然趋势。它不仅为投资者提供了新的投资机会，更推动着企业和社会向更加可持续的方向发展。

7.1.3　ESG 投资的特征——主动参与

ESG 投资的一个重要特征是主动参与。这指的是投资者不再仅是被动的资金提供者，而是积极地介入企业的运营和决策中。ESG 投资者秉持着明确的价值观和目标，对企业的环境、社会和治理表现进行深入考量，并通过主动行动推动企业朝着可持续的方向发展。

ESG 投资体现了投资者对长期价值的追求，投资者不再只关注短期的财务回报，而是将目光投向更长远的未来。通过与企业的积极互动，投资者可以促使企业在环境保护、社会责任履行等方面加大力度，从而为企业的长远发展奠定坚实基础。

例如，投资者可以推动企业采用更环保的生产工艺，虽然短期内可能导致成本增加，但从长远来看，能赢得社会的认可和市场的青睐。

主动参与要求投资者具备深厚的行业知识和强大的分析能力。他们需要准确评估企业的 ESG 现状，找出关键问题，并提出切实可行的解决方案。这不仅需要专业素养，更需要敏锐的洞察力和果断的决策力。

主动参与有助于提升整个市场的效率和公平性。当众多 ESG 投资者共同行动时，能够形成一股强大的力量，促使企业更加注重可持续发展，减少不良行为。这对构建一个更加健康、公平的投资环境具有重要意义。

ESG 投资的主动参与特征是其独特价值的重要体现。它以积极的姿态推动企业和社会的可持续发展，为投资领域带来了新的活力和机遇。随着 ESG 理念不断深入人心，将有更多投资者主动参与 ESG 投资，为经济社会的可持续发展贡献力量。

7.2 ESG 投资：左手责任，右手效益

ESG 投资是一种符合时代发展趋势的投资模式，具有广阔的发展前景。投资者在追求经济效益的同时，关注企业在环境、社会和治理方面的表现，有助于构建长期稳健的投资组合，也有利于推动企业积极履行社会责任，实现可持续发展。

7.2.1 做 ESG 投资，要责任还是要效益

在 ESG 投资领域，一个常被提及的议题是：做 ESG 投资，究竟是要责任还是要效益？这看似是一个两难的抉择，实则不然。

责任在 ESG 投资中至关重要。企业不能仅追求经济效益而忽视其对环境和社会应尽的责任。ESG 投资中的责任体现了对可持续发展的承诺，对社会公平的追求以及对良好治理的坚守。当投资者注重责任时，他们会推动企业采取更环保的措施，关心员工权益，提升企业治理水平，从而为社会的长远发展贡献力量。

然而，如果只强调责任而忽视效益，ESG 投资将难以持续。毕竟，投资的本质是获得回报。没有合理的效益，投资者将缺乏动力和资源去持续推动责任的履行。正如《史记》中所言："天下熙熙，皆为利来；天下攘攘，皆为利往。"效益是投资活动的基础，只有在实现一定效益的前提下，企业才能更好地履行社会责任。

事实上，责任与效益并非相互对立，而是相互促进、相得益彰。一个积极履行 ESG 责任的企业，往往能够赢得社会的广泛认可和投资者的信任，品牌形象和市场竞争力也会得到提升，从而为企业带来长期稳定的经济效益。例如，一些注重环保的企业，不仅获得了消费者的青睐，还在政策支持等方面占据优势，实现了经济效益和社会效益的双赢。

优秀的 ESG 投资者往往能够在责任与效益之间找到平衡点。他们既关注企业的 ESG 表现，也注重其财务绩效和增长潜力。通过深入地研究和分析，他们能够筛选出那些既具有良好责任意识又具备较强盈利能力的企业，从而进行投资。

在经济全球化的背景下，ESG 投资的重要性日益凸显。投资者不能片面地追求责任担当而忽视效益，也不能只看重效益而忽视履行社会责任。只有在两者之间找到平衡，才能真正推动 ESG 投资的健康发展，为经济和社会的可持续进步贡献力量。

综上所述，ESG 投资中责任与效益的关系犹如车之两轮、鸟之两翼，不可偏废。投资者应秉持平衡的原则，在追求经济效益的同时，不忘履行社会责任。只有这样，才能实现可持续发展，推动人类社会迈向更加美好的未来。

7.2.2 基础设施尚待建设和完善

近年来，ESG 投资逐渐成为热门话题。然而，我们不得不承认，其相关基础设施仍有待建设和完善。

1. 数据的收集和披露

投资者想要做出明智的投资决策，就要依赖于准确、全面且可比的 ESG 数据。然而，现实情况是数据的质量和完整性有待提升。有的企业在披露 ESG 数据时避重就轻，有的数据缺乏时效性，这些都使得投资者难以将这些数据拼凑成一幅完整清晰的图像，导致投资决策如同在迷雾中摸索，决策缺乏可靠的依据。

2. ESG 评级体系尚不完善

市场上众多的 ESG 评级机构采用五花八门的标准和方法。这就好比在同一场考试中，每个考生的试卷不同，其结果的可比性和权威性自然受到质疑。面对差异巨大的评价结果，投资者往往感到困惑不已，不知该相信哪一个。这种混乱的局面让投资者无所适从，阻碍了 ESG 投资的进一步发展。

3. ESG 投资相关政策法规不够健全

缺乏明确的指引和规范，市场就像一盘散沙，容易陷入混乱。一些企业可能会利用法规的漏洞，进行不正当的操作，造成不公平竞争。没有完善的政策法规，ESG 投资市场就难以健康、有序地发展。这不仅损害了投资者的利益，也不利于整个社会的可持续发展。

4. 专业人才的短缺

ESG 投资涉及金融、环境、社会等多个领域的知识，是一个高度复杂和综合的领域。它需要的是既精通金融理论，又对环境科学、社会学等领域有深入了解的专业人才。然而，目前这类复合型人才十分稀缺。这使得 ESG 投资缺乏有力的推动者，很多好的理念和项目难以落地。

要解决这些问题，需要各方共同努力。监管部门应加强政策制定和引导，推动建立统一、规范的 ESG 评估标准和披露要求。企业应积极提升自身的 ESG 表现，主动披露相关信息。同时，教育机构也应加强相关专业人才的培养，为行业发展提供充足的智力支持。

ESG 投资的基础设施建设是一个系统性工程，需要持续投入。虽然目前存在诸多挑战，但随着各方的共同努力，相信未来 ESG 投资的基础设施将不断完善，ESG 投资将实现更好的发展。

7.3 ESG 投资趋势分析

在当前市场环境下，ESG 投资发展势头强劲。监管政策不断加强，对信息披露的要求也日益严格，有力地推动了 ESG 投资的规范化发展。随着机构投资者、企业等纷纷加入 ESG 领域，ESG 投资参与主体日益多元化，推动 ESG 投资实现高速增长。在决策要素方面,环境、社会和治理表现越发受到重视。评级体系也在不断完善,为投资者提供更准确的参考。

7.3.1　监管政策和信息披露机制逐渐完善

随着人们的可持续发展意识不断增强,ESG 投资逐渐成为投资界的一个重要趋势。ESG 投资日益受到重视,监管政策和信息披露机制不断完善,推动企业更加注重长期价值和承担社会责任。

2024 年 4 月 12 日,上交所、深交所、北交所三大交易所正式发布《上市公司可持续发展报告（试行）》（以下简称《指引》）,并于 5 月 1 日起生效。《指引》对我国上市公司在 ESG 方面的信息披露做出了明确的规范,意味着 A 股首个兼具统一性、标准性与实用性的 ESG 披露标准正式落地。

根据《指引》,约有 457 家需要强制披露可持续发展报告的 A 股上市公司应在 2026 年之前完成 2025 年度可持续发展报告的首次披露。

2024 年 5 月,财政部公布了《企业可持续披露准则——基本准则（征求意见稿）》,旨在推动我国可持续披露准则体系的建立,并对企业可持续发展信息披露进行规范。同时,财政部也明确了总体发展目标:预计到 2027 年,我国将陆续推出企业可持续披露基本准则以及与气候相关的披露准则;到 2030 年,一个全国统一的可持续披露准则体系将基本建成。

2024 年 6 月,《关于新时代中央企业高标准履行社会责任的指导意见》正式出台,对新时代中央企业社会责任的履行进行了周密的规划和部署。值得注意的是,文件中着重强调了加强环境、社会和治理方面工作的必要性。

这些接连出台的监管政策,充分表明我国对 ESG 的重视程度在持续提升,同时也推动了进行 ESG 信息披露的上市公司的数量大幅增加,且披露方式更加趋于标准化。根据 Wind 发布的数据,截至 2024 年 5 月,A 股市场中共有 2 097 家企业公开了 2023 年度的 ESG 独立报告,披露比例达 39.31%。

而在 ESG 治理架构方面，一个显著的进展是，已有超过 600 家 A 股上市公司成立了与 ESG 相关的委员会，这一数字与去年同期相比实现了 114%的大幅增长。此外，随着 ESG 报告的日益普及，传统社会责任报告的采纳率持续下降，企业正逐渐转向更加全面且与国际标准接轨的 ESG 信息披露方式。截至 2024 年 5 月 20 日，ESG 报告的采纳率已经上升至 55.75%，成为企业传递可持续发展信息的优先选择。

在全球范围内，其他国家和地区也在加速推进 ESG 监管政策与信息披露体系的健全化进程。以欧盟委员会为例，其颁布的《企业可持续发展报告指令》（Corporate Sustainability Reporting Directive，CSRD）和《可持续金融披露条例》（Sustainable Finance Disclosure Regulation，SFDR）等监管举措，均明确要求企业及金融机构应详尽披露其在社会与环境方面所面临的重大风险与机遇，以及企业活动对人类社会及自然环境的实际影响，进而提升 ESG 相关信息的透明度与可见度。

美国证券交易委员会（Securities and Exchange Commission，SEC）于 2024 年 3 月发布了新的气候披露规则，旨在加强和规范上市公司及时公开发行证券与气候相关的信息披露，满足投资者对气候风险对企业运营和财务影响的信息需求。

ESG 投资的监管政策和信息披露机制将逐渐完善，这是时代的召唤，也是社会发展的必然要求。

7.3.2　ESG 投资将获得高速增长

在当今的投资领域中，ESG 投资正以其独特的魅力和广阔的前景，吸引着越来越多的关注。可以预见，ESG 投资将进入高速增长期。

首先，在全球气候变化和可持续发展的大背景下，越来越多的投资者开始关注企业的环境、社会和治理绩效。他们认识到，ESG 因素不仅关乎企业的社会责任和声誉，更直接关系到企业的长期竞争力和盈利能力。因此，投资者在做出投资决策时，会更多地考虑企业的 ESG 表现。这可以有力地推动 ESG 投资增长。

其次，随着 ESG 理念的普及和 ESG 投资产品种类更加丰富，越来越多的投资者能够便捷地参与到 ESG 投资中来。如今，市场上已经有很多 ESG 投资基金、指数和评级机构可供选择，投资者可以根据自己的风险偏好和投资目标，选择适合自己的 ESG 投资产品。这种多样化和便捷化的投资方式，无疑为 ESG 投资的增长提供了有力支持。

最后，各国政府和国际组织也在积极推动 ESG 投资的发展。它们通过制定政策、提供税收优惠和资金支持等方式，鼓励金融机构和企业加强 ESG 实践，推动可持续发展。ESG 相关政策的出台和实施，为 ESG 投资提供了良好的外部环境和政策支持，进一步促进了其快速增长。

综上所述，ESG 投资将在未来实现快速增长。这种增长不仅有利于推动可持续发展和应对全球挑战，也能够为投资者带来更加稳健和可持续的投资回报。

7.3.3　多元化发展：参与主体+决策要素+评级

如今，ESG 投资呈现多元化发展的趋势，这主要体现在参与主体、决策要素和评级三个方面。

从参与主体来看，大型金融机构、基金公司等传统投资主体依旧充当主力军。大型金融机构凭借其雄厚的资金储备与广泛的业务网络优势，积极地把 ESG 理念融入投资决策之中。而基金公司推出种类繁多的 ESG 主题基金，为投资者提供多元化的投资选择。

与此同时，越来越多的个人投资者也开始将目光聚焦于 ESG 投资，并投身其中。此外，非营利组织和政府机构在推动 ESG 投资多元化发展方面发挥着举足轻重的作用。非营利组织通过积极倡导和大力宣传，提升公众对 ESG 投资的认识。政府则通过出台政策法规，引导资金流向 ESG 领域，为 ESG 投资营造优良环境。

在决策要素方面，环境因素不再仅拘泥于碳排放等传统指标，而是将水资源管理、生物多样性保护等更广泛的环境议题纳入考量范围。社会因素包含员工福利、社区关系、产品责任等诸多方面，如企业能否为员工提供良好的职业发展空间、是否积极投身社区公益活动、产品是否安全可靠等都已成为决策的关键点。在治理方面，除了常见的董事会结构、高管薪酬等要素外，企业文化包容性、企业创新能力等元素逐渐成为评估企业可持续发展能力的重要指标。

在评级方面，多元化趋势也十分明显。多家评级机构竞相推出各自的 ESG 评级体系，这些体系在指标设置、权重分配等方面各不相同。部分评级机构更偏重环境因素，赋予环境指标较高的权重；有的则更为关注社会影响，着重突出社会因素的重要性。这种多元化的评级体系为投资者提供了更多的参考角度，使他们能够依据自身的投资偏好和风险承受能力，选择最适合自己的 ESG 投资标的。

总之，ESG 投资在参与主体、决策要素和评级等方面呈现出的多元化特点，为其发展注入了强劲动力。这不但有助于推动经济的可持续发展，也为投资者提供了更为丰富且稳健的投资选择。

7.4 经典 ESG 投资案例——摩根大通

摩根大通在 ESG 投资领域扮演着举足轻重的角色，既是该领域的主要参与者，又是其积极实践者。摩根大通致力于将 ESG 理念深度融入其日常业务运营之中，通过一系列切实有效的措施，在环境、社会和治理等多个维度上取得显著成果。同时，摩根大通还特别重视可持续项目融资，积极倡导并推动企业履行社会责任。丰富的实践经验和显著成效，不仅使其成为行业佼佼者，更深刻地揭示了 ESG 投资的核心价值和广阔前景。

7.4.1 ESG 投资理念：理性且负责任

作为世界领先的金融服务公司，摩根大通始终秉持着理性且负责任的投资理念，积极推动 ESG 投资的发展。

摩根大通的 ESG 投资理念是理性的。摩根大通意识到，仅追求短期的经济利益并非长久之计。通过深入研究和分析，摩根大通精准地评估企业在环境、社会和治理方面的表现，并将其与财务表现紧密结合，从而做出明智的投资决策。这种理性的态度确保了资金的合理配置和投资的稳健性。

摩根大通的投资理念也体现出其强烈的社会责任感。作为金融领域的巨头，摩根大通积极承担社会责任，推动被投资企业提升 ESG 表现。其不仅关注企业的当前状况，更着眼于企业的未来可持续发展潜力。其还通过与企业紧密合作，帮助企业制定和完善 ESG 战略，促进企业实现经济、社会和环境的协调发展。

在做出投资决策的过程中，摩根大通重点考虑环境、社会、治理等因素。在环境方面，摩根大通积极投资那些在环境保护方面有突出表现的企业，推动全球经济向低碳、绿色的方向转型，为应对气候变化做出积极贡献。

在社会方面，摩根大通关注企业对员工权益的保障、对社会的回馈以及对人权的尊重。只有具备良好社会声誉的企业，才有可能获得摩根大通的青睐。

在治理方面，摩根大通强调企业治理结构的完善、透明度和内部控制的有效性。这有助于确保企业的决策科学合理，避免潜在的风险和问题。

摩根大通的 ESG 投资理念既具有理性的特点，也体现了其负责任的企业形象。这种理念不仅有助于其获得可持续的回报，也为社会发展和环境改善贡献了力量。

7.4.2 ESG 架构与决策机制的建立

为了更好地进行 ESG 投资实践，优化投资决策流程，摩根大通建立了先进且完善的 ESG 架构与决策机制。

从 ESG 架构层面来看，摩根大通通过设立多个专业团队和部门来推进 ESG 投资相关工作。其中，摩根大通资产管理公司成立的可持续投资监督委员会就像"监察官"，强化对参与、代理投票以及可持续投资标准等可持续投资活动的治理力度，以确保这些活动契合公司的可持续发展理念。而全球资产管理业务控制委员会则如同"风险管家"，负责对整个资产管理公司的风控状况进行监督，全面管控现存以及新出现的业务风险、控制问题与投资趋势。

此外，摩根大通还设有 ESG 数据与研究工作组、可持续投资客户战略工作组、气候研究工作组等组织。这些工作组就像一个个"智慧单元"，它们与相关主题专家保持着定期的交流沟通。这种沟通机制为员工搭建了一个交流 ESG 投资技能与知识的平台，使得不同领域的专业知识能够相互交融，碰撞出创新的火花。这些团队的组建，让摩根大通在 ESG 领域的工作得以全面、深入且专业地展开。

在 ESG 投资决策方面，摩根大通全球可持续投资团队起着核心作用。该团队负责投资研究、方案开发以及投资管理工作。团队中的高级员工都拥有超过 10 年的丰富经验，涵盖 ESG 投资研究、行业知识、气候科学、企业治理和数据科学等多个领域。他们的专业技能和丰富经验为团队做出投资决策奠定了坚实的基础。团队不仅能够针对 ESG 相关议题进行深入研究并提出独到见解，还能将研究成果巧妙地应用于各类资产组合，进而实施可持续投资方案。

摩根大通的这些举措充分体现了其对 ESG 理念的深刻理解与积极践行。通过构建完善的 ESG 架构和科学的决策机制，摩根大通在推动自身可持续发展的同时，也为金融行业树立了 ESG 投资的标杆。

7.4.3　ESG 投资的要点

摩根大通在 ESG 投资领域展现出高度的科学性和专业性，其专业团队对大量的数据进行挖掘和研究，包括企业的环境绩效、社会影响以及治理结构等方面。

在进行 ESG 投资的过程中,摩根大通主要关注以下要点,如图 7-3 所示。

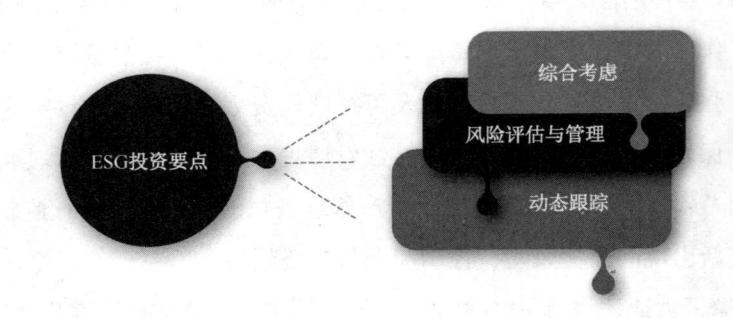

图 7-3　摩根大通进行 ESG 投资的要点

1. 综合考虑

摩根大通的 ESG 投资评估体系不仅仅局限于某个单一的方面,而是综合考虑环境、社会和治理的各个维度。例如,在环境方面,会考察企业的碳排放量、资源利用效率等;在社会方面,关注员工权益、社区关系等;在治理方面,则重视董事会结构、内部控制等。

2. 风险评估与管理

摩根大通能够准确识别与 ESG 相关的风险,并制定相应的应对策略。通过对风险的有效管控,确保投资的安全性和可持续性。

3. 动态跟踪

摩根大通会持续跟踪企业的 ESG 表现,及时调整投资策略。这种动态的方法能够更好地适应不断变化的市场环境和企业发展。而且,摩根大通还注重与企业互动,为其提供专业的建议和指导,帮助企业提升 ESG 表现,实现共同成长。

在投资过程中,摩根大通会将 ESG 因素与传统的财务分析相结合。这样既能考虑到企业的经济价值,又能兼顾其对社会和环境的影响,从而做出更为科学、合理的投资决策。

7.5 ESG 值得发展与投资的可持续能源

自然界的三大基础元素——阳光、空气、水，除了孕育地球上广大的动植物外，也被人类开发成清洁能源。如果我们可以充分利用自然界的无尽动力，那么我们将有取之不尽的新能源、清洁能源。

7.5.1 ESG 说明绿色电力即国力

电力供应量是衡量国家实力的重要标尺。也就是说，电力的充足程度映射出一个国家的经济发展水平和综合国力。而今，这一衡量标准已不再局限于电力是否充足，而是拓展到新能源和碳中和目标下的绿色电力是否充足。

鉴于全球气候变化的严峻性和环保意识的日益增强，绿色能源（如风能、太阳能等）已成为衡量国家可持续发展能力的关键指标。

传统的化石燃料发电方式不仅消耗大量资源，还对环境造成严重污染，因此世界各国正积极促进绿色电力的发展。如果一个国家拥有稳定且充足的绿色电力，就能实现能源自给自足，提升在国际舞台上的形象和竞争力。

向绿色能源转型是一种战略性的选择，因为它减少了对外部能源进口的依赖，同时降低了能源价格波动带来的风险。因此，未来的发展不仅关乎电力供应的充足性，还包括绿色电力比例的提升，以应对全球环境变化和经济发展的双重挑战。

在当前的能源格局中，可再生能源存在三大缺陷：首先，能量密度较低，导致发电效率不尽如人意；其次，由于具有间歇性的特点，可再生能源难以独立承担基础负荷电力的角色，这需要储能系统的配合，从而导致资源和成本的浪费；最后，可再生能源的建设受到地理位置和气候条件的限制，这制约了新能源系统的广泛部署。

目前，黄文启博士领导的研究团队已经成功解决了这些问题。他们在新加坡和我国台湾省建立了可持续的新能源电站，该浮力发电站每小时能稳定发电1 000度。

7.5.2　ESG 与绿氢投资的关系

绿氢燃烧仅产生水，无污染排放，其作为燃料有助于降低碳排放。因此，氢对地球和人类至关重要。

ESG 投资关注企业在环境、社会和治理方面的表现。绿氢作为一种清洁能源，与 ESG 投资的环境层面紧密相关，因为它在减少温室气体排放、促进可再生能源使用以及推动能源转型方面发挥着关键作用。

绿氢利用风能、太阳能等可再生能源，通过电解水过程制造出氢气。与传统的化石燃料制氢方法相比，这种方法几乎不产生二氧化碳排放。这使得绿氢成为减少碳足迹、实现净零排放目标的关键解决方案，满足了 ESG 投资对环境保护的要求。绿氢代表了未来能源的发展方向，有助于应对气候变化，符合 ESG 投资的环保标准，因此吸引了那些对可持续发展感兴趣的投资者。

此外，绿氢的发展有助于增加能源多样化，减少对化石燃料的依赖。这对环境有益，也能提高能源安全，促进社会可持续发展。企业在绿氢领域积极投入通常会获得较高的 ESG 评分，吸引关注 ESG 的资金，进一步推动技术创新和市场拓展。

总体来说，绿氢与 ESG 投资之间的关系体现在其对环境保护、社会责任和创新治理的支持上。投资绿氢不仅符合环保政策的号召，还能带来长期的经济效益，吸引那些寻求可持续投资机会的资本。因此，绿氢被视为 ESG 投资的一个重要组成部分。

7.5.3　ESG 说明地球健康与人类寿命的关系

气候变化和全球变暖的主要原因是大量二氧化碳的排放。PM2.5 和空气污染同样对人类生存构成巨大威胁，容易引发癌症。全球范围内，肺癌是癌症相关死亡的主要原因，防治肺癌与 ESG 中的社会福利和员工健康息息相关。鉴于全球气候变化、环境质量下降及室内外空气污染对健康的影响，政府、企业、公共卫生部门和个人都应关注环境和肺部健康的新趋势，并采取绿肺行动策略。现在，是时候觉醒，关注呼吸了！

ESG 概念揭示了地球健康与人类生存寿命紧密相连的现实。地球仿佛一个拥有生命的有机体，当环境遭受破坏、资源被过度消耗、气候出现异常变化时，地球就"生病"了，这直接影响到人类的健康和寿命。

在 ESG 框架下，环境保护至关重要。空气污染、水质恶化、气候变暖等环境问题不仅破坏地球生态系统，也对人类健康造成严重影响，如心肺疾病、癌症和传染病的增加。同时，全球变暖加剧了极端气候灾害，如干旱、洪水和热浪，严重威胁人类的生存。

ESG 与人类寿命存在关联在社会层面也有体现。社会不平等、医疗资源匮乏和食物短缺会削弱人类的抵抗力、缩短人类的寿命。改善社会福利、践行健康生活方式和提高教育水平等措施，可以提升整体人口的健康状况。

治理层面则涉及政策制定和企业责任。良好的治理能够推动企业实践可持续发展，减少对环境的负面影响，建立更健康的社会结构。这些治理行为最终将回馈地球的健康状态，间接促进人类寿命的延长。

综上所述，ESG 体现了地球健康与人类健康之间的共生关系。只有重视环境保护、社会责任和良好治理，人类才能在一个健康的地球上实现更长寿、更幸福的生活。

7.5.4　ESG 与气味医学投资的关系

ESG 与气味医学投资之间存在显著的联系,尤其是在社会和治理两个维度上。而在环境方面,二者则可能通过医疗科技的可持续发展间接相关联。

1. 社会维度

气味检测是一种创新的医疗技术,它通过分析人体散发的气味来诊断疾病(如癌症、糖尿病、肺部疾病等)。这项技术在社会层面上带来了诸多益处。

(1)提升公共健康水平。这种非侵入性、快速的检测方法有助于尽早发现疾病,提高疾病预防和治疗的效率,从而改善整体公共健康状况。

(2)提升医疗服务可负担性与普及性。随着技术的日益成熟与成本的逐步降低,气味检测有望成为普及化医疗手段,惠及全球更多地区,尤其是那些医疗资源稀缺的区域,有效推动全球健康公平目标的实现,契合 ESG 投资者致力于提供高质量且负担得起的医疗服务的愿景。

(3)推动医疗技术创新。气味检测技术作为一种新兴技术,不仅为医疗行业带来了变革,也激励着 ESG 投资者加大对医疗创新企业的支持力度,推动医疗科技的进步与社会福祉的提升。

2. 治理维度

由于气味医学检测技术涉及人体数据的收集和分析,这在治理维度上需要强大的数据隐私保护和伦理框架支持。企业必须制定透明化的数据处理政策,遵守隐私法规,并确保检测技术不会侵犯个人隐私。这与 ESG 中治理的要求高度一致,即确保企业具有透明的管理机制,积极承担伦理责任。

气味医学检测技术须符合各国医疗监管机构的标准和规范。ESG 投资者特别看重企业运营的合规性和透明度,合规运营的企业具有更大的长期增长潜力。

3. 环境维度（间接影响）

虽然气味检测技术的主要应用是在医疗健康领域，但如果该技术能够减少对传统医疗检测设备的依赖（如降低耗材使用、能耗需求），这可能会间接降低医疗活动对环境的影响。ESG 投资者越来越关注可持续的医疗技术，这包括减少浪费、降低碳足迹等。因此，气味检测技术能够吸引 ESG 投资者，特别是那些关注社会健康和企业治理的投资机构。

气味医学是预防医学也是自然医学，与古人所说的"上医治未病，中医治已病，下医治末病"相契合。

第8章

投资项目挖掘：朝目标不断进击

在"双碳"战略的指引下，ESG投资项目层出不穷，但是并非所有项目都具有投资价值和发展潜力。很多投资者都在努力寻找那些真正践行ESG理念且具备可持续发展潜力的项目，以抓住投资机会，实现投资目标和收益最大化。

第8章
投资项目挖掘：朝目标不断进击

8.1 投资者纷纷向 ESG 投资转型

随着全球对可持续发展的日益重视，投资者纷纷转型进行 ESG 投资的趋势越发明显。投资者逐渐认识到，ESG 投资不仅能够带来长期稳定的回报，还能对社会和环境产生积极影响。他们开始追求经济利益和社会责任之间的平衡。在这种情况下，企业的 ESG 表现成为影响投资者决策的重要因素，良好的 ESG 绩效能够吸引大量资金流入。

8.1.1 机构投资者的转型方案

《礼记》中有言："苟利国家，不求富贵。"ESG 投资理念正是这一精神的现代化体现，它倡导在投资决策中融入对环境保护、社会责任和企业治理的综合考量，力求实现经济效益与社会责任的平衡。

机构投资者积极投身于 ESG 投资，不仅能获得财务回报，还能推动社会可持续发展。为实现转型，机构投资者可采取以下策略。

1. 明晰差距，聚焦重点，明确转型方向

机构投资者需要对自身投资组合进行深度剖析，与 ESG 标准比对，识别在环境、社会、治理三大领域的短板与不足。例如，投资组合中是否包含高污染、高耗能的企业，所投资企业在社会公益方面的参与度是否不足、治理结构是否存在缺陷等。在此基础上，确定在哪些方面需要优先进行改进，从而明确转型的方向。

2. 构建框架，打造体系，规划 ESG 转型战略

根据已明确的转型方向，机构投资者可以构建起一套完善的 ESG 框架，涵盖从投资决策流程、风险评估体系到绩效衡量标准等各个方面,确保 ESG 理念能够深入投资的每一个环节。例如,在做出投资决策前,充分考虑项目的 ESG 因素;在风险评估中,将环境风险、社会风险等纳入其中;在衡量绩效时,把 ESG 绩效作为重要指标之一。通过这一系列举措,机构投资者能够系统地规划 ESG 转型战略,确保 ESG 理念在投资实践中得到深入贯彻。

3. 巧用工具,做好投资,升级 ESG 投资体系

借助先进的数据分析工具和专业的 ESG 评级机构提供的服务,机构投资者可以对投资标的进行更精准的评估。例如,机构投资者可以利用大数据分析投资标的在环境影响、社会声誉等方面的数据,筛选出符合 ESG 标准的优质项目。同时,机构投资者还需不断完善投资组合和调整机制,根据 ESG 标准的变化及市场动态,灵活调整投资组合,以实现 ESG 投资体系的优化和升级。

4. 加强披露,注重沟通,提高 ESG 信息披露质量

机构投资者应增加 ESG 信息披露力度,向投资者和社会公众详细展示其在 ESG 投资方面的理念、实践和成果;通过多种渠道,如定期报告、专题发布会等,与利益相关者进行有效的沟通;及时回应各方对于 ESG 投资的疑问和关切,提高 ESG 信息披露的透明度和质量,树立良好的市场形象。

通过以上四个策略,机构投资者能够稳步推进 ESG 投资转型,在实现可持续发展的同时,创造更大的价值。

8.1.2 必备工具:UNPRI 六大原则

作为全球范围内最具影响力的责任投资组织,UN PRI(The United Nations-supported Principles for Responsible Investment,联合国责任投资原则组织)于 2006 年创立,其主要宗旨是加深投资者对环境、社会和治理等要素对投资价值的影响

第 8 章
投资项目挖掘：朝目标不断进击

的理解，并鼓励各签署机构成员将这些要素融入其投资战略和决策中，以推动全球金融体系的可持续发展。

UN PRI 六大原则，即联合国责任投资原则，为投资者提供了全面的投资指导，其具体内容如图 8-1 所示。

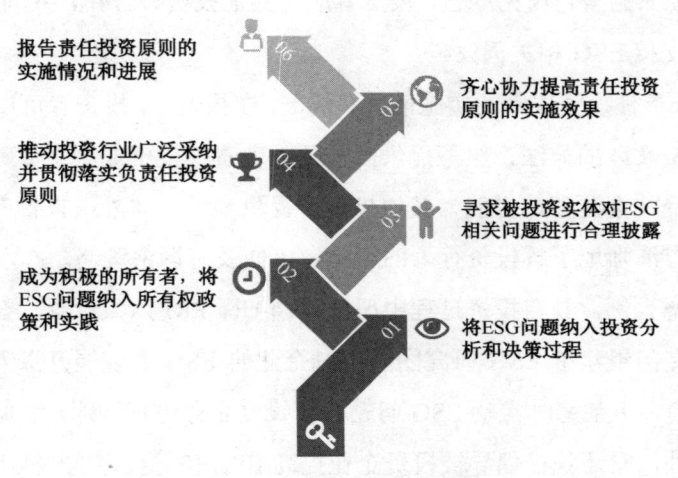

图 8-1　UN PRI 六大原则

（1）将 ESG 问题纳入投资分析和决策过程。这意味着投资者不能仅关注财务数据，还要深入考量企业在环境、社会和治理等方面的表现，以全面评估潜在风险和回报。

（2）成为积极的所有者，将 ESG 问题纳入所有权政策和实践。投资者不应只是被动的旁观者，而应积极行使权利，推动企业改善 ESG 表现。例如，对于存在环境违规风险的企业，投资者可以督促其建立更严格的环境管理体系；对于治理方面存在缺陷的企业，推动其完善治理结构。

（3）寻求被投资实体对 ESG 相关问题进行合理披露。信息透明是决策的基础，这要求投资者关注企业披露的 ESG 信息。投资者可以要求被投资实体使用全球报告倡议等工具详细披露 ESG 相关问题，也可以要求其将 ESG 问题纳入年度财务报告中。

（4）推动投资行业广泛采纳并贯彻落实负责任投资原则。投资者可以向投资服务提供商传达 ESG 要求，对于没有达到 ESG 要求的服务提供商，拒绝与其合作。

（5）齐心协力提高责任投资原则的实施效果。单打独斗难以走远，只有携手合作，才能汇聚力量，攻克难题。投资者应与其他投资者合作，共同应对新问题，共同发起或支持 ESG 相关倡议。

（6）报告责任投资原则的实施情况和进展。在报告中，投资者可以披露将 ESG 问题融入投资实践的方法、服务提供商需要就负责任投资原则采取哪些行动等。这有助于接受社会监督，也能为其他投资者提供参考。此外，报告有助于投资者和利益相关方清晰地了解投资行为的影响，以便及时调整策略。

以贝莱德为例，其在投资过程中严格遵循 UN PRI 六大原则。在投资分析阶段，贝莱德专门组建了 ESG 研究团队，对企业的 ESG 表现展开深入分析。作为积极的所有者，贝莱德时常就 ESG 问题与被投资企业进行沟通，以此推动企业进行改善。此外，它还积极倡导被投资企业提高 ESG 信息披露的透明度。

贝莱德还在行业内大力推广责任投资理念，使整个行业对 ESG 投资的重视程度得到了提高。而且，贝莱德还定期发布自身遵循 UNPRI 原则的报告，展示其在 ESG 投资方面所取得的成果和付出的努力。

综上所述，这六大原则构成了一个系统的框架，为投资者进行转型提供了明确的指导和方向。它们不仅有助于提升投资者的 ESG 投资能力，还能够促进整个投资行业的可持续发展与繁荣。

8.2 "双碳"目标下的投资机会

在"双碳"目标的引领下，投资领域涌现出众多机遇。例如，太阳能、风能等新能源产业蓬勃发展，成为投资热点；节能技术和相关产业也备受关注，市场潜力巨大；碳交易市场日益活跃，为投资者提供了新的投资方向。投资者应敏锐捕捉这些投资机遇，积极布局，在助力"双碳"目标实现的同时，获得丰厚的回报，推动经济向绿色、可持续的方向发展。

8.2.1　2020—2060年：从碳达峰到碳中和

《中国减排承诺激励全球气候行动》中提到："中国将提高国家自主贡献力度，采取更加有力的政策和措施，二氧化碳排放力争于2030年前达到峰值，努力争取2060年前实现碳中和。"

碳达峰指的是二氧化碳排放量达到历史最高值，经过一段平台期后，二氧化碳排放量逐渐下降。碳达峰是二氧化碳排放量由增转降的时间拐点，实现了碳达峰，意味着碳排放与经济发展脱钩，即碳排放增加不再是经济增长的必然结果。

碳中和是碳达峰的下一阶段目标，指各行各业通过各种节能减排活动，来抵消已产生的二氧化碳，从而实现二氧化碳零排放。碳达峰是碳中和的基础和前提。碳达峰的最高值越低，碳中和灵活性就越高，难度就越小。

在2020—2030年实现碳达峰的过程中，能源结构将不断调整优化，可再生能源的比重将不断上升。各行各业都会积极探索节能减排的新路径，绿色建筑、低碳交通等新业态将不断涌现。

进入2030—2060年的碳中和冲刺阶段，科技创新将发挥关键作用。新型的碳捕集与封存技术将出现并不断成熟，能够更有效地从大气中去除二氧化碳。同时，能源存储技术的突破，将使得可再生能源的利用更加稳定和高效。

在这四十年间，人们的生活理念也会经历深刻转变。低碳消费逐渐成为新潮流，人们开始更加重视资源的合理利用和环境保护。社会各界齐心协力，共同为实现碳中和目标而努力奋斗。

作为我国汽车产业链中的核心企业，广汽本田汽车有限公司（以下简称"广汽本田"）一直保持着对环境保护的强烈使命感，以严谨的态度在每一个环节中贯彻降碳要求。例如，在产品设计和研发阶段，广汽本田基于实现降低碳排放的目标制订设计和研发计划，以期在产品生命周期的各个阶段都能满足低碳环保的要求。

广汽本田不仅关注自身产品的碳排放，更积极地引导供应商转变生产方式，采用低碳材料和生产技术。其高度重视供应商低碳能力和体系的培育，以促使整个供应链实现绿色、低碳、可持续发展。这种立足于产业链的深度合作，旨在构建一个全面覆盖的低碳供应链体系，共同应对气候变化的挑战。

广汽本田制定了"2045年前实现产品全生命周期碳中和"的远景目标，这是其在环保领域积极承担社会责任的重要体现，既展现了广汽本田对环境保护的坚定决心，也体现了其对未来可持续发展的深入思考。通过探索和实现供应链协同减碳及碳中和，广汽本田有望引领整个行业迈向绿色低碳的未来。

8.2.2 四大降碳抓手背后的投资机会

在实现"双碳"目标的过程中，四大降碳抓手——能源转型、产业升级、科技创新、碳市场，为投资者带来了丰富的投资机会。

能源转型是关键的一环。随着太阳能、风能等可再生能源的快速发展，相关的产业投资机会大幅增加。从上游的原材料供应商，到中游的设备制造商，再到下游的电站运营企业，都吸引着大量资金涌入。

产业升级意味着传统高碳产业需要进行技术改造和绿色化转型，这为节能环保技术和服务提供商带来发展机遇。企业对节能减排设备、资源回收利用技术等的需求持续增长，相关投资热度也随之上升。

科技创新带来了无限可能。新型储能技术、氢能技术等前沿领域的突破，背后都蕴含着巨大的投资潜力。投资者纷纷布局这些具有创新性和高增长潜力的领域，以期获得丰厚回报。

碳市场的建立和完善创造了新的投资渠道。碳交易、碳金融等相关业务逐渐兴起，投资者可以通过参与碳市场的交易和投资相关金融产品来分享碳市场发展的红利。例如，一些风险投资机构积极投资具有创新性碳减排技术的初创企业，助力其快速成长；大型金融机构在碳市场中开展各类业务，开发碳基金等。

总之，四大降碳抓手背后的投资机会丰富多样且充满潜力。投资者需要敏锐地捕捉这些机会，结合自身的风险偏好和投资策略，合理布局，从而在助力"双碳"目标实现的同时，获得可观的投资收益。

8.2.3 正确看待碳交易体系

碳交易体系为企业减排提供了一种灵活的机制。它允许那些减排成本较低的企业通过减排获得碳排放权，并将多余的碳排放权出售给减排成本较高的企业，从而实现整体减排成本的降低。这不仅激励了企业积极采取减排措施，也促进了资源的优化配置。

同时，碳交易体系推动了技术创新。为了在碳市场中获得竞争优势，企业会加大对低碳技术的研发和应用投入，从而加速绿色技术的进步。这对推动整个经济体系向低碳绿色的方向转型具有重要意义。

然而，投资者也要看到碳交易体系面临的一些挑战和问题。例如，碳排放权的初始分配如何做到公平合理，市场价格的波动可能给企业带来不确定性等。

正确看待碳交易体系，需要投资者认识到它不是解决气候变化问题的唯一手段，而应与其他政策和措施相结合。

例如，特斯拉历经多年亏损，终于在 2020 年首度实现全年盈利。然而，其盈利并非源于核心业务——汽车销售，而是得益于向其他汽车制造商出售碳排放积分。在全球多个国家和地区承诺 2050 年实现净零排放的背景下，全球碳市场正呈现积极扩张态势。

截至 2024 年 5 月，全球范围内已投入运行的碳排放权交易体系达 36 个，另有 14 个处于开发阶段。这些已经投入运行的碳排放权交易体系覆盖全球约 18%

的温室气体排放量，占据全球 GDP 总量的 58%。2023 年，全球碳排放权交易体系的总收入达 737.89 亿美元，创历史新高。相关研究预测，到 2030 年碳达峰实现之际，我国碳市场累计交易额或将超过 1 000 亿元。

窗体顶端

投资者还应关注碳交易体系对不同地区和行业的影响。一些地区和行业可能因为自身特点，在碳交易中面临较大压力，但这也促使它们加快转型升级。

从长远来看，碳交易体系的完善和发展需要全社会的共同参与和努力。政府应加强监管和引导，确保市场的公平、公正和有序运行。企业应积极履行减排责任，提升自身的碳管理能力。公众应增强环保意识，通过低碳消费、低碳出行等方式支持低碳产业发展。

碳交易体系是应对气候变化的重要工具，投资者要以客观、理性的态度看待它：既要看到它的积极作用和潜力，也要关注其面临的问题和挑战。通过不断完善和优化，碳交易体系将更好地服务于全球气候治理，推动人类社会向可持续发展的目标迈进。

8.3 发现新能源的超级价值

太阳能、风能等新能源具有清洁、可再生的特点，能有效减少碳排放，应对环境挑战。新能源推动了能源结构的优化，降低对传统化石能源的依赖。同时，新能源产业创造了大量就业机会，带动经济增长。在科技发展的加持下，新能源的利用效率不断提升，成本逐渐降低。无论是在保障能源安全还是促进可持续发展方面，新能源都展现出不可估量的超级价值。

8.3.1 新能源是一项重要发现

新能源的发现与利用是人类社会进步的重要标志,也是实现可持续发展的关键所在。如今,新能源已经在很多领域实现了应用,如交通、制造、建筑、汽车等。

下面以新能源汽车为例进行具体讲述,以展现新能源的应用价值。如今,纯电动汽车、油电混合动力汽车等新能源汽车成为很多人购车时的首选。这些汽车以电能或其他可再生能源为动力,降低了对化石燃料的依赖,减少了尾气排放,对改善空气质量及减缓气候变化具有重要意义,推动全球能源结构从依赖传统化石能源向依赖清洁能源转型。

新能源具有环境友好性的特征。传统能源的使用带来了大量的污染物和温室气体排放,严重破坏地球的生态环境。新能源的出现,为我们提供了一种清洁、绿色的选择,极大地减轻了对环境的负面影响。它让我们有机会修复被破坏的生态,让地球重新焕发出勃勃生机。

从能源安全的角度来看,新能源意义重大。随着全球经济的快速发展,对能源的需求日益增长,而传统化石能源的储量是有限的,而且分布极不均衡。这就导致能源进口国在能源安全上存在较大的风险,容易受到国际政治、经济形势变化的影响。新能源的开发和利用可以帮助能源进口国有效降低对传统化石能源的依赖,增强能源安全保障能力。

新能源广泛分布在世界各地,只要有阳光照射的地方就有太阳能,只要有风的地方就有风能。这使得各个国家和地区都有机会实现能源自给自足,从而保障自身的能源安全。

新能源还为经济发展注入了新的活力。新能源产业的发展带动了相关产业的兴起,如太阳能光伏产业、风电设备制造产业等。这些新兴产业不仅创造了大量的就业机会,还推动了技术创新和产业升级。同时,新能源的应用也降低了企业的能源成本，提高了企业的竞争力。

新能源不仅是一种新的能源形式，更是人类社会走向可持续发展的必然选择。它以其独特的环境价值、能源安全价值和经济价值，为我们构建一个更加美好、清洁、安全的世界奠定了坚实的基础。

8.3.2 新能源投资市场渐趋火爆

新能源是未来能源结构转型的关键方向，蕴含着巨大的发展潜力和广阔的发展前景。投资者敏锐地捕捉到了其中的巨大商机，纷纷将资金投向太阳能、风能、水能等新能源领域，推动了新能源投资市场的火热发展。

政策的大力支持是新能源投资市场火爆的重要推动因素。各国政府纷纷出台一系列鼓励和扶持新能源产业发展的政策，包括给予补贴、税收优惠、上网电价保障等。这些政策有效地降低了新能源项目的投资风险，吸引了大量的资本涌入。例如，太阳能、风能等新能源发电项目在政策的支持下如雨后春笋般涌现。

科技的不断进步也为新能源投资市场注入了强大动力。新能源技术的研发和创新取得了显著突破，使得新能源的转化效率不断提高，应用成本逐渐降低。同时，储能技术的发展解决了新能源间歇性和不稳定性的问题，进一步提升了新能源的竞争力。例如，新型的锂离子电池技术让电动汽车的续航里程大幅增加，推动了电动汽车市场的快速发展。

新能源投资市场的火爆还带动了相关产业的繁荣。从新能源设备制造到安装、运维，再到能源管理和服务，整个产业链都充满了商机。许多企业纷纷投身于新能源领域，通过技术创新和商业模式创新，抢占更多市场份额，同时也为社会创造了大量的就业机会。

新能源投资市场的火爆与繁荣是时代发展的必然趋势。它不仅为解决能源危机和环境问题提供了新的途径，也为投资者带来了更丰富的投资机会。

8.3.3 一级市场如何投资新能源项目

新能源的崛起如同一颗璀璨的新星,照亮了可持续发展的道路。而在一级市场投资新能源项目,充满了机遇与挑战,因此掌握科学的方法尤为重要,如图8-2所示。

图8-2 一级市场投资新能源项目的方法

想要在一级市场成功投资新能源项目,首先,投资者需要具备敏锐的洞察力。也就是说,投资者需要对新能源行业的发展趋势有深入的了解,关注政策导向、技术创新以及市场需求的变化。

其次,风险评估也是一个重要的方面。新能源项目往往伴随着技术风险、市场风险等,在投资之前,投资者应对项目进行全面而细致的风险分析。正如《孙子兵法》中所说:"知己知彼,百战不殆。"投资者要了解项目的技术成熟度、市场竞争格局以及团队的实力等因素,以科学地权衡风险与收益。

再次,强大的资源整合能力不可或缺。投资新能源项目并非单打独斗,而是需要整合各方资源,包括资金、技术、人才等。"众人拾柴火焰高。"通过与各方合作,形成优势互补,才能为项目的成功奠定坚实基础。

最后,耐心和长远的眼光也至关重要。新能源项目的发展往往需要经历较长的时间周期,投资者不能急于求成。历史上许多伟大的发明和创新,都是经过长期的积累和沉淀才取得成功的。在投资过程中,投资者要保持冷静和坚定,不被短期的波动所左右。

综上所述，在一级市场投资新能源项目时，投资者需要进行综合考量，以挖掘到真正具有巨大潜力的项目，获得丰厚的回报，同时为推动新能源产业的发展贡献力量。

8.4 痛点分析：找到投资机会不容易

ESG 投资面临着诸多痛点，如底层数据匮乏、主流评级体系没有实现本土化等。针对这些痛点，打造一套符合本土特色的 ESG 评级体系显得尤为迫切和重要。这一评级体系须植根于对本土实际情况的深刻洞察与理解，能够精准捕捉本土 ESG 投资机遇。本土化 ESG 评级体系不仅能够为投资者提供更加精准、有效的投资指引，还能够激发本土 ESG 投资市场的活力与潜力，为整个投资领域创造新的增长点与机遇。

8.4.1　ESG 底层数据比较匮乏

ESG 数据对准确评估企业的可持续发展表现至关重要。但现实情况是，获取全面、准确、可靠的 ESG 数据面临诸多挑战。

一方面，不同的企业在披露 ESG 信息时存在很大差异，有的企业可能披露得较为详细，而有的则非常简略甚至不披露。这使得投资者难以进行有效的比较和分析。

例如，互联网公司上海巨人网络科技有限公司在 2024 年 4 月 30 日公布的 2023 年度社会责任报告中，主要采用定性表述，对于关键议题的量化数据及相应图表呈现不足。该报告共 11 页，和上一年数据相比，对部分数据进行了更新，但总体而言，关键量化数据不足。

从报告结构来看，社会责任部分涵盖股东权益保护、职工权益保护、供应商、客户和消费者权益保护、环境保护、社会公益和扶贫攻坚六大主题，然而内容以定性描述为主，缺乏具体数据支撑。

另一方面，ESG 涉及的领域广泛且复杂，涵盖了环境影响、社会责任履行、企业治理结构等多个方面。要收集和整理如此多维度的数据本身就极具难度，而且数据的准确性和及时性也难以保证。例如，对于企业在环境保护方面的具体举措和成效，可能需要深入实地调研才能获取真实数据，但这在实际操作中往往难以实现。

数据匮乏还引发了一些其他问题。例如，投资者可能因为缺乏足够的数据支撑而无法做出准确的判断，从而影响到投资决策的科学性；数据匮乏对 ESG 投资策略的制定和实施造成阻碍，无法充分发挥 ESG 理念在引导资本流向可持续发展企业方面的作用。

ESG 底层数据匮乏是 ESG 投资领域一个亟待解决的问题。只有基于完善的 ESG 数据体系和充足的 ESG 底层数据，投资者才能更好地评估企业的可持续发展能力，确保投资组合的长期稳健表现。

8.4.2　主流 ESG 评级体系未实现本土化

现行的很多主流 ESG 评级体系，如 MSCI、汤森路透、富时罗素等，大多是基于欧美发达国家的标准和发展情况而建立的。然而，不同国家和地区有着独特的社会、经济和文化背景，这些体系可能未能充分考虑到其他国家和地区的特定情况，导致评估结果可能与实际情况存在偏差。

例如，发达国家往往更重视气候变化、生物多样性等议题，而发展中国家则更关注消除贫困、提供优质教育等方面。在一些发展中国家，某些 ESG 议题的重要性排序可能与其在发达国家的排序不同。

此外，本土企业的运营模式和特点可能与国际上的其他企业存在区别。一些在本土具有重要意义的 ESG 因素可能未被充分考虑到现有评级体系中。这使得企业在依据这些评级体系进行自我评估和改进时，会遇到不契合的情况。

而且，本土的法律法规、行业标准等也与国际有所不同。如果主流评级体系不能充分融合这些本土元素，就难以准确反映企业在本土环境下的真实表现。

要解决这一问题，就需要加强对本土情况的研究和分析，推动评级体系的本地化改造，让其能更好地适应不同地区的特点和需求，从而为企业和投资者提供更具针对性和准确性的评估结果，促进 ESG 理念在本土的有效落实和发展。

8.4.3　如何打造本土化 ESG 评级体系

打造本土化的 ESG 评级体系至关重要，下面详述如何打造这一体系。

（1）深入研究本土的社会、经济和文化特点是构建这一体系的基石。每个国家和地区都有其独特的社会结构，人口老龄化程度、社会福利体系的完善程度等因素影响企业在社会层面的责任履行。

从经济方面来看，不同地区的产业结构和经济发展阶段各异，本土企业面临的市场竞争格局、资源配置方式也大不相同。从文化方面来看，不同地区的价值观、道德观念以及对环保和社会公平的认知程度存在差异。了解本地企业面临的挑战和机遇，以及民众对不同 ESG 议题的关注度和期望，能够让 ESG 评级体系更有针对性，避免千篇一律的普适性标准无法精准契合本土情况的现象。

（2）结合本土的法律法规和政策环境设计 ESG 评级体系是关键。不同地区的环保要求有严有松，劳动法规在劳动者权益保障上也存在差别。这些法律法规构成了企业运营的底线，也应成为打造本土化 ESG 评级体系的重要考量因素。例如，在一些水资源匮乏的地区，对于企业水资源利用效率的考量权重就应相应提高；在注重员工权益保护的地区，企业劳动保障方面的得分占比需要增加。

（3）充分考虑行业差异。高污染行业，如化工、钢铁等，其履行环境保护责任的重点在于减少污染排放、资源循环利用等；而科技行业可能更侧重于数据安全、知识产权保护等社会责任方面。评级标准具有针对性才能公正客观地衡量不同行业企业的 ESG 表现。

（4）数据的收集和分析要立足本土实际。打造本土数据库，避免过度依赖国外数据，因为国外数据可能无法准确反映本土企业的真实情况。同时，分析方法要符合本土企业的运营模式和市场环境，确保数据分析结果的准确性和可靠性。

持续进行验证与改进是确保 ESG 评级体系适应时代变化的关键。随着市场环境、政策法规以及社会观念的变化，评级体系必须与时俱进，紧跟时代步伐。通过实践应用的检验，及时发现存在的问题与不足并进行调整优化，使评级体系能够更加精准地服务于评级需求，为企业的可持续发展与社会的进步贡献力量，促进本土经济、环境与社会之间的和谐共生与协调发展。

第9章 策略选择与设计：掌握游戏规则

在 ESG 投资中，策略的选择与设计至关重要。目前主流的 ESG 投资策略有三种：筛选类策略、整合类策略、参与类策略。投资者可以根据自己的需求选择合适的策略，以做出科学合理的投资决策，赢得丰厚的回报。

第9章 策略选择与设计：掌握游戏规则

9.1 筛选类策略

ESG 投资有多种筛选策略，如负面剔除、正面筛选、标准化规则筛选等。这些策略各具特点，可以帮助投资者精准定位，在践行社会责任的同时追求回报最大化，推动可持续投资发展。

9.1.1 负面剔除

ESG 负面剔除策略的核心在于将那些在环境、社会和企业治理方面存在重大问题或巨大风险的企业排除在投资组合之外。

从环境层面来看，它有助于避免资金流向那些高污染、高能耗且缺乏有效环保措施的企业。例如，对于那些严重污染环境、破坏生态平衡的企业，通过负面剔除策略，可以防止投资者的资金流向它们，从而减少对环境的破坏。

从社会层面来看，一些企业可能存在侵犯员工权益、违反劳工标准、产品安全没有保障等问题。负面剔除策略能够将这些企业排除在外，保护投资者免受因企业不良社会行为所引发的声誉风险和潜在损失。

从治理层面来看，那些内部治理结构混乱、存在腐败行为或严重违反商业道德的企业，也会被剔除。这样可以避免投资者因企业治理不善而陷入财务困境或法律纠纷。

尽管 ESG 负面剔除策略具有显著优势，但也存在一些局限性。一方面，它可能导致投资范围缩小，投资者可能因此错过一些潜在投资机会。另一方面，在确定剔除标准时，可能存在主观性和不确定性。但总体而言，负面剔除策略在 ESG 投资中发挥着重要的作用，有助于确保投资组合的稳健和可持续。

2022 年 5 月 18 日，一则关于特斯拉的重大消息在市场上引起了轩然大波：

标普道琼斯指数公司宣布将特斯拉从其标准普尔 500 ESG 指数中除名。这一决定意味着特斯拉在 ESG 方面的表现未能达到指数的最低标准。该公司在声明中详细阐述了特斯拉被除名的理由，包括特斯拉受到种族歧视指控；其自动驾驶系统导致车祸，正在接受监管部门的调查。

这一决定迅速引发了市场的广泛关注和热议。特斯拉的 CEO（Chief Executive Officer，首席执行官）马斯克对此表示强烈抗议，他认为 ESG 是一个骗局，并对标准普尔道琼斯指数公司全球评级的专业素养提出了质疑。他在社交媒体上公开表示，有些石油企业的 ESG 评级竟然高于特斯拉，这说明 ESG 评级体系存在严重瑕疵。

马斯克提出的这一观点确实值得深思。在一定程度上，ESG 负面剔除策略能够敦促企业更加关注环境、社会和治理问题，推动企业可持续发展。然而，ESG 评级标准的主观性和不确定性也使得其在实际执行过程中充满了复杂性和争议。

尽管特斯拉在电动汽车领域具有领先地位，并在可持续发展方面取得了一定成绩，但种族歧视和自动驾驶系统事故频发等问题暴露出其在 ESG 方面存在不足。这也使得特斯拉的 ESG 评级备受争议。

负面剔除策略是全球范围内应用最为广泛的 ESG 策略，是投资市场中的主流筛选策略。它不仅有助于保护投资者的利益，还为构建一个绿色、公平、可持续的商业世界奠定了基础。

9.1.2　正面筛选

正面筛选是 ESG 投资中的一种重要策略，旨在从广泛的投资选项中筛选出那些在 ESG 方面表现良好的企业。这些企业通常具备可持续发展潜力，并且能够很好地应对未来的挑战和风险。

从环境层面来看，这些企业往往积极采取措施减少碳排放、提高能源利用效率、保护自然资源等。例如，那些大力发展可再生能源的企业，不仅为应对气候

第 9 章
策略选择与设计：掌握游戏规则

变化做出了贡献，同时也在未来能源转型的趋势中占据了有利地位。

从社会层面来看，正面筛选关注企业对员工权益的保障、对社区的贡献以及对消费者权益的维护。那些提供良好工作环境、重视员工培训与发展的企业，通常能吸引和留住优秀人才，为企业的持续发展奠定基础。同时，积极参与公益事业、推动社区发展的企业，更容易赢得社会的广泛认可和良好声誉。

从治理层面来看，具有完善治理结构的企业能够做出明智的决策，保障股东权益，实现长期稳定的发展。透明的决策机制、有效的内部控制以及独立的董事会等，都是企业治理良好的体现。

企业或投资者通过正面筛选进行 ESG 投资，具有多方面的积极意义。

首先，它推动资本向秉持可持续发展理念的企业流动，促进整个经济体系的绿色转型和社会进步。这些企业在获得资金支持后，能够进一步加大在 ESG 方面的投入，形成良性循环。

其次，从长期来看，ESG 表现良好的企业往往具有更强的抗风险能力和竞争力。在面临环境法规变化、社会舆论压力等挑战时，它们能够更好地应对，为投资者带来更稳定的回报。

最后，ESG 投资的正面筛选有助于提升投资者的声誉和形象。在公众对可持续发展日益关注的今天，投资者选择投资在 ESG 方面表现良好的企业，可以体现出其对社会责任的担当，能够提升其声誉和形象。

然而，投资者在实践中应用 ESG 正面筛选策略时，往往会面临一些挑战。例如，数据的准确性和可比性、不同 ESG 标准之间的差异等，都是投资者在决策过程中需要认真考虑的因素。此外，市场的复杂性和不确定性也会对投资决策产生影响。

尽管存在这些挑战，正面筛选策略仍为投资者开启了一扇通往可持续投资的大门。它让我们深刻认识到，投资并不仅仅是追求经济利益的手段，还与社会责任和环境保护密切相关，有助于推动社会的可持续发展。

9.2 整合类策略

ESG 整合与可持续发展主题投资是 ESG 投资领域的重要策略。ESG 整合将环境、社会和治理因素全面融入投资分析与决策过程，考量企业的长期可持续性。可持续发展主题投资则专注于特定的可持续发展主题，如清洁能源、资源回收等。

9.2.1 ESG 整合

ESG 整合是一种全方位的投资分析方法，分别采用定性和定量这两种方法把 ESG 理念与传统财务信息等融合在一起，对项目进行全面评估，进而做出投资决策。

ESG 整合体现了对可持续发展的追求。它不再仅局限于追求短期的经济利益，而是将目光放长远，关注企业对环境的影响、对社会责任的承担以及自身治理结构的完善。这与我国古代哲学中"天人合一"的理念不谋而合。古人早已意识到人与自然、人与社会应和谐共处，ESG 整合正是这种理念在现代商业社会中的具体体现。

在当今全球化的背景下，众多知名企业纷纷践行 ESG 整合策略。例如，苹果公司致力于减少产品对环境的影响，通过使用可再生能源、优化产品设计等方式，努力实现碳中和目标。同时，苹果也关注供应链中的劳工权益和社会责任，确保生产过程符合道德和法律标准。这不仅为苹果赢得了良好的声誉，也为其长期发展奠定了坚实基础。

ESG 整合的逻辑严密性体现在它对企业全方位的考量。环境因素关注企业的资源利用效率、污染物排放等，社会因素着眼于企业与员工、消费者、社区等的关系，治理因素则侧重于企业的决策机制、风险管理等。只有在这三个方面都表

第 9 章
策略选择与设计：掌握游戏规则

现出色的企业，才能够在激烈的市场竞争中立于不败之地。

ESG 整合涵盖了企业运营的各个环节。从战略规划到日常运营，从供应链管理到市场营销，ESG 整合都能发挥作用。例如，在战略规划中，企业需要考虑如何在满足 ESG 要求的前提下实现增长；在日常运营中，企业要确保各项措施的有效落实。

浦银安盛基金管理有限公司（以下简称"浦银安盛"）是一家中外合资的银行系基金公司，在 ESG 等责任投资领域不断探索和发力。在当前全球倡导可持续发展的背景下，浦银安盛深知 ESG 投资理念在资产管理行业的重要性，因此将 ESG 投资理念全面融入公司的价值投资框架，力求在获得投资回报的同时，关注企业对社会责任的承担和环境可持续发展。

在 ESG 投资策略方面，浦银安盛采用了负面筛选法，通过剔除不符合 ESG 标准的个股，从源头上保障投资组合的可持续发展能力。此外，浦银安盛还通过整合、动量策略、主动所有权（包括投票和股东倡导）等主动管理方式，对投资标的进行 ESG 整合，使其更加符合责任投资的要求。

在实施 ESG 投资过程中，浦银安盛充分发挥基金管理人的专业优势。一方面，积极关注企业 ESG 表现，通过研究、评估和监测，为投资者提供企业 ESG 评级和投资建议；另一方面，通过与上市公司、监管部门和 ESG 评级机构等各方紧密合作，推动企业改善 ESG 表现，提升整体投资价值。

ESG 整合为企业提供了更全面的发展视角。传统的企业发展模式往往侧重于经济利益的最大化，而忽视了对环境、社会等方面的影响。ESG 整合促使企业在追求经济效益的同时，兼顾环境和社会的可持续性，从而实现长期稳定的发展。"不谋万世者，不足谋一时；不谋全局者，不足谋一域。"ESG 整合正是这种全局观念的体现。

9.2.2 可持续发展主题投资

可持续发展主题投资是指将资金投资于那些与可持续发展主题相关的项目或

资产。可持续发展主题投资不仅具有显著的经济效益，更承载着重要的社会责任和可持续发展使命。对于投资者而言，这种投资方式不仅能够帮助他们规避潜在风险，还能够引领资金流向那些致力于实现可持续发展的企业，从而给投资者带来更加稳健和可持续的投资回报。

通过深入考察企业的环境、社会和治理因素，投资者能够更全面地评估企业的长期价值和发展潜力。这种评估方法不仅涵盖了企业的财务绩效，更关注其在环境保护、社会责任和企业治理方面的表现。这样的投资策略有助于投资者发现那些真正具备可持续发展潜力的企业，避免投资存在严重 ESG 问题的企业，从而降低投资风险。

同时，可持续发展主题投资也为企业变革提供了动力。随着越来越多的投资者开始关注企业的 ESG 表现，企业不得不重视并改进自身的 ESG 实践。这不仅有助于提升企业的品牌形象和市场竞争力，还能够吸引更多的投资者和合作伙伴，为企业带来更多的发展机遇。

此外，可持续发展主题投资对推动经济社会的可持续发展也具有重要作用。引导资金流向那些注重环保、积极承担社会责任和治理良好的企业，有助于推动整个经济社会的绿色转型和可持续发展。同时，还能促进政策制定者和监管机构加强对企业 ESG 实践的监管和引导，进一步推动全社会达成可持续发展共识。

以特斯拉为例，它致力于推动电动汽车的普及，减少传统燃油汽车对环境的污染。在技术层面，特斯拉在电池技术研发上不遗余力地投入了大量的资金。此外，科研人员不断探索、试验，以提高电池的续航能力，让电动汽车能够跑得更远，从而打消消费者对电动汽车续航能力的顾虑。安全性也是特斯拉高度重视的方面，通过先进的技术和严谨的测试，确保电池在各种环境下都能安全运行。

特斯拉还极具战略眼光地建设了超级充电站网络。这些充电站分布在各个区域，为电动汽车的推广提供了坚实有力的基础设施支持。它们让电动汽车的使用变得更加便捷，大幅提高了电动汽车在市场上的竞争力。

很多投资者看到特斯拉在 ESG 方面所做出的努力，纷纷将资金投入特斯拉。这些投资推动特斯拉快速发展，其生产的电动汽车普及度更高，为全球的绿色出行做出了卓越的贡献。

9.3 参与类策略

参与类策略包括企业参与及股东行动、影响力/社区投资。企业参与及股东行动让投资者能积极与企业互动，推动企业改进 ESG 表现。影响力/社区投资则专注于产生特定的社会或环境影响。参与类策略是推动 ESG 发展的重要力量，引导资本流向更有意义的领域。

9.3.1 企业参与及股东行动

企业参与及股东行动是 ESG 投资领域的一个重要策略，日益受到投资者和企业的关注。在这一策略下，投资者可以行使自己的股东权利，以影响企业行为，实现 ESG 投资目标。企业参与及股东行动主要包含两个层面：企业参与指的是投资者通过参与企业的决策、运营等活动，推动企业实现 ESG 目标；股东行动则是指投资者利用股东权利，如投票权、提案权等，对企业治理和决策产生影响，促使企业关注 ESG 问题并采取相应措施。

2024 年 1 月 21 日，全球知名石油企业埃克森美孚向法院提起诉讼，状告其两位 ESG 股东。这两位股东主张企业应更加关注环境保护和社会责任，提出了减排提案，希望将其列入股东大会投票环节。然而，埃克森美孚却坚决抵制这一提案，甚至将这两位股东诉至法庭，引发了广泛关注。

长期以来，埃克森美孚作为全球石油产业的领军企业，在环境保护和可持续发展方面的立场备受争议。随着全球气候变化问题日益严重，越来越多的投资者开始关注企业的环境、社会和治理绩效，这也使得 ESG 投资成为当下资本市场的热点。在这样的背景下，埃克森美孚的 ESG 股东认为，企业有责任在减排方面发挥积极作用，以应对气候变化带来的挑战。

此次诉讼的起因是，这两位股东热衷于 ESG 投资，要求埃克森美孚加速中期减排。然而，埃克森美孚认为减排提案干涉了企业的正常运营，有可能对企业的经济利益造成损害。因此，埃克森美孚决定采取法律手段，阻止这一提案被列入股东大会投票环节。

经过一番激烈的角逐，2 月 2 日，这两位股东最终撤销了要求埃克森美孚加速中期减排的提案。尽管如此，埃克森美孚仍坚持继续推进诉讼进程，以表明其在维护企业利益和抵制不实言论方面的决心。

在 ESG 投资中，企业参与及股东行动的重要性不言而喻，如图 9-1 所示。

图 9-1　企业参与及股东行动的重要性

（1）促进企业可持续发展。通过对企业进行干预和引导，投资者可以推动企业关注环境、社会和治理等问题，从而实现可持续发展。

（2）提升投资回报。相关研究表明，ESG 表现良好的企业往往具有巨大的投资回报潜力。基于企业参与及股东行动策略，投资者可以把握这些潜在机会，提升投资组合的回报。

（3）防范风险。关注 ESG 问题的企业通常具备较强的风险管理能力。通过采用企业参与及股东行动策略，投资者可以降低投资组合的风险。

（4）发挥资本市场作用。企业参与及股东行动策略有助于资本市场更好地发挥资源配置功能，推动社会资本向 ESG 领域流动。

总而言之，企业参与及股东行动策略是企业走向可持续发展道路的重要手段，它关乎企业的生存与发展。在这个过程中，企业应积极拥抱 ESG 理念，股东应充分发挥监督与推动作用，为构建一个更加美好的商业环境而努力。

9.3.2　影响力/社区投资

《礼记·大学》中提到"修身齐家治国平天下"，其中蕴含着个人、家庭、社会和国家之间相互关联、相互影响的道理。在现代社会中，作为社会的重要组成部分，企业应该意识到自身行为对整个社会生态的影响。具体来说，企业可以采取影响力/社区投资策略承担社会责任、扩大影响力。

影响力/社区投资策略指的是通过投资特定项目来解决社会或环境问题，创造正面的社会和环境效益。这种策略在公益慈善基金会中尤为常见，被视为公益慈善事业的一种扩展形式，其目的在于实现公益价值和商业价值的双重提升。例如，某个慈善基金会专注于投资健康医疗、扶贫等直接关系到民生福祉且具备深远社会意义的领域。

影响力/社区投资是一种独具特色的投资模式，能够实现社会效益和环境效益的最大化。这种投资方式跳出传统投资追求经济利益的范畴，转而关注社会和环境的改善，旨在通过投资行为激发社会正能量。影响力/社区投资涵盖了多种投资主体，包括企业、非营利组织、社区等，旨在为它们提供必要的资金支持，推动社会和环境的积极变革。

在影响力/社区投资的众多子类别中，ESG 影响力投资独树一帜，备受瞩目。ESG 影响力投资是一种以创造社会和环境影响为核心目标的投资策略。它关注企业在环境、社会和治理方面的表现，通过投资那些具备优秀 ESG 表现的企业或项目,来实现社会和环境的持续改善。这种投资方式在慈善基金会等领域已经得到了广泛应用,成为推动社会进步的重要力量。

慈善基金会等机构通过投资支持那些致力于社会和环境改善的企业或项目,既为这些企业或项目提供资金保障,还给予它们指导和帮助。这种投资模式有助于推动企业或项目实现其社会和环境目标,从而达到改善社会环境、促进可持续发展的目的。ESG 影响力投资正逐渐成为推动我国社会和环境可持续发展的重要引擎。

影响力/社区投资使得企业不再是孤立的个体,而是与社会、环境紧密相连的有机整体。通过践行 ESG 理念,企业能够赢得社会的尊重和信任,提升自身的竞争力和可持续发展能力。

影响力/社区投资,特别是 ESG 影响力投资,已经取得了显著的成果。然而,要让这种投资方式更好地服务于社会和环境的改善,还需要我们不断探索和创新。一方面,要提高企业和项目在 ESG 方面的表现,提升其投资价值;另一方面,要加强慈善基金会等投资机构的能力建设,提高它们在 ESG 投资领域的专业素养。

第10章

投前尽职调查：将风险降到最低

　　投资前尽职调查是降低投资风险、提高投资决策准确性的关键环节。通过对目标企业或项目的全面评估，投资者可以更好地把握投资机会，有效规避投资风险。在投资前，投资者务必重视尽职调查，为投资成功奠定坚实基础。

10.1 尽职调查必不可少

尽职调查在商业交易和投资活动中具有举足轻重的地位。投资者在进行交易决策之前，务必开展尽职调查，以确保自己对交易对象有全面、准确的了解。详尽的尽职调查有助于避免投资失误，降低投资风险，提高投资成功率。

10.1.1 为什么 ESG 尽职调查如此重要

ESG 尽职调查在投资过程中的重要性日益凸显，它不仅关乎投资决策的准确性和可持续性，还深刻影响着投资者、被投资企业乃至整个社会的长远利益。以下详细阐述 ESG 尽职调查的重要性。

1. 揭示隐藏风险，保障投资安全

ESG 尽职调查能够深入挖掘企业运营中可能存在的环境、社会和治理风险。例如，企业可能因环境污染而面临高额罚款或法律诉讼，或因劳工权益问题引发社会舆论谴责，这些都可能对企业财务状况和声誉造成重大打击。通过 ESG 尽职调查，投资者可以及时发现并评估这些潜在风险，从而做出更加审慎的投资决策，避免陷入不必要的财务困境。

2. 识别可持续发展机遇

与风险相对的是机遇。ESG 尽职调查能帮助投资者发现企业在可持续发展方面的优势和创新点。例如，某企业在节能减排、循环经济或社会责任项目上有卓越表现，这些都将为其带来长期的竞争优势和增长潜力。投资者通过 ESG 尽职调查，可以捕捉到这些可持续发展机遇，从而进行长远布局，实现投资价值最大化。

3. 促进企业与社会的和谐共生

ESG 尽职调查强调企业在环境、社会和治理方面的表现，这有助于推动企业从单一追求经济利润向追求经济、社会、环境综合效益转变。通过 ESG 尽职调查，投资者可以促使企业关注并改善其 ESG 表现，减少负面影响，增加正面贡献。这种转变不仅有利于企业实现可持续发展，也有助于促进社会和谐与稳定，实现企业与社会的共赢。

4. 响应监管要求，提升合规性

随着全球范围内对 ESG 问题的重视程度不断提高，各国政府和监管机构纷纷出台相关政策，要求企业加强 ESG 信息披露和管理。通过 ESG 尽职调查，投资者可以了解企业是否符合相关监管要求、是否合规运营。这不仅有助于避免法律风险，还能增强投资者对被投资企业的信任度和信心。

5. 推动投资理念的转变与升级

ESG 尽职调查的普及和实践，有助于推动投资理念从传统的"唯财务论"向更加注重可持续发展和社会责任的"全面投资"理念转变。这种转变将促使投资者更加关注企业的长期价值和社会贡献，而不仅仅是短期的财务表现。这将有助于构建更加健康、可持续的投资生态系统，推动全球经济的绿色转型和高质量发展。

综上所述，ESG 尽职调查在投资过程中具有举足轻重的地位。对于致力于 ESG 投资的投资者而言，ESG 尽职调查是不可或缺的一环。

10.1.2　ESG 尽职调查的关注角度

尽职调查就像投资的"安全阀"，对双方都有利，投资者会基于尽职调查的结果做出投资决策。ESG 尽职调查通常分为三个维度，如图 10-1 所示。

```
    01              02              03
```

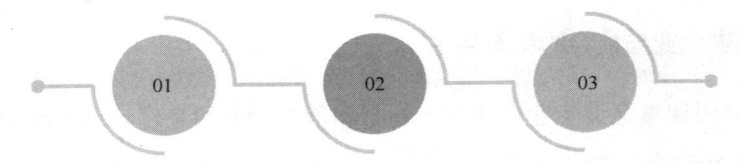

环境方面尽职调查　　社会方面尽职调查　　治理方面尽职调查

图 10-1　ESG 尽职调查的三个维度

1. 环境方面尽职调查

（1）环境保护政策与实践。首先，ESG 尽职调查应聚焦于企业的环境保护政策，包括其减排目标、绿色生产计划以及对资源循环利用的承诺。在实践方面，投资者需要关注企业是否已采取有效措施减少温室气体排放、管理废水废气排放、保护生物多样性等，以确保其经营活动与自然环境和谐共生。

（2）能源效率与可持续性。能源利用是环境评估中一个重要的方面。投资者需要评估企业的能源使用效率，包括其是否采用清洁能源、优化能源结构以及实施能效提升项目；同时，关注企业在能源供应链管理上的可持续性，如与供应商合作推动绿色采购等。

（3）气候变化应对策略。随着全球气候变化的加剧，企业对气候变化的应对策略成为 ESG 尽职调查的重要内容。调查应关注企业是否制定了明确的应对气候变化的目标和计划，包括减缓气候变化（如减排）和适应气候变化（如灾害预防）的措施。

2. 社会方面尽职调查

（1）员工权益与福利。员工是企业最重要的利益相关者之一。ESG 尽职调查须深入考察企业的员工权益保护情况，包括工资福利、工作时间、健康安全、职业培训等方面。同时，关注企业是否建立了公平的雇佣机制，反对任何形式的歧视和剥削。

（2）社区关系与公益活动。企业与社区的关系是其社会责任的重要体现。调查应评估企业是否积极参与社区建设、支持公益活动、关注弱势群体等。这些行为不仅有助于提升企业的社会形象,还能促进社区的和谐稳定。

(3)产品安全与责任。企业的产品直接关系到消费者的健康和安全。ESG尽职调查须关注企业是否建立了完善的产品质量监控体系,确保产品符合安全标准。同时,企业应对其产品在整个生命周期中的环境影响负责,推动绿色生产和消费。

3. 治理方面尽职调查

(1)企业治理结构。良好的治理是企业可持续发展的基石。ESG尽职调查需要评估企业的治理结构是否健全,包括董事会、监事会的独立性和有效性,高层管理人员的激励与约束机制等。同时,还要关注企业是否建立了完善的内部控制和风险管理体系。

(2)透明度与信息披露。ESG尽职调查应关注企业是否充分披露ESG相关信息,包括环境绩效、社会责任实践和治理结构等。投资者还应评估企业披露信息的真实性和准确性,以基于充分的信息做出明智的投资决策。

(3)道德规范与反腐败。道德规范和反腐败机制是保障企业健康发展的关键因素。ESG尽职调查需要关注企业是否制定了明确的道德规范和反腐败政策,并采取了有效措施来预防腐败行为的发生。这些措施包括加强内部审计、建立举报机制以及与监管机构合作等。

ESG尽职调查是对企业可持续发展能力的全面审视,涉及环境、社会和治理等多个方面。通过深入细致的调查,投资者可以更加准确地评估企业的长期价值和社会影响力,从而做出更加明智和可持续的投资决策。

10.1.3 投资者面临的尽职调查难题

在ESG尽职调查中,投资者会面临多个难题(如图10-2所示),涉及信息的获取、分析、评估、决策等多个环节。

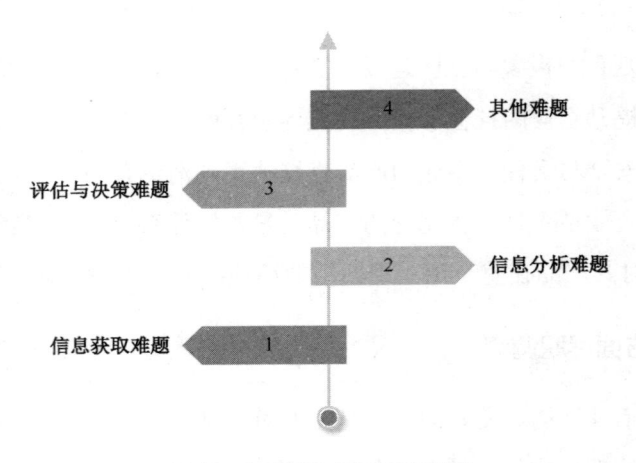

图 10-2　ESG 尽职调查难题

1. 信息获取难题

（1）数据获取难度大。ESG 数据往往较为分散，且不同企业披露的 ESG 信息质量和详尽程度参差不齐。投资者需要花费大量时间和精力从各种渠道收集、整理和分析这些数据。

（2）标准不统一。目前全球范围内尚未形成统一的 ESG 信息披露标准和评级体系，这导致投资者在比较不同企业的 ESG 表现时存在困难。不同国家和地区的 ESG 标准可能存在差异，使得投资者难以进行跨地区的比较和评估。

2. 信息分析难题

（1）复杂性高。ESG 尽职调查涉及环境、社会和治理三个方面的多个议题，每个议题都包含复杂的因素和变量。投资者只有具备跨学科的知识和技能，才能全面、深入地分析企业的 ESG 表现。

（2）量化难度大。虽然部分 ESG 议题可以量化（如碳排放量、能源消耗等），但仍有大量议题难以直接量化（如企业文化、治理结构等）。这使得投资者在评估企业的 ESG 表现时，需要依靠主观判断和经验积累，这增加了评估的难度和不确定性。

3. 评估与决策难题

（1）主观性强。由于 ESG 尽职调查涉及大量主观判断，投资者在评估企业的 ESG 表现时可能受到个人偏见和主观因素的影响。这要求投资者具备高度的专业素养和独立判断能力，以确保评估结果的客观性和准确性。

（2）利益冲突。在 ESG 尽职调查过程中，投资者可能会面临利益冲突的问题。例如，投资者可能需要在短期经济利益和长期可持续发展目标之间做出权衡。这种权衡往往涉及复杂的道德和伦理问题，增加了决策的难度。

（3）资源有限。ESG 尽职调查需要投入大量的人力、物力和财力资源。中小型投资者可能难以承担高昂的调查成本和时间成本，这限制了他们进行 ESG 尽职调查的能力和意愿。

4. 其他难题

（1）供应链复杂性。企业的供应链往往涉及多个环节和多个供应商，这使得投资者在评估企业的 ESG 表现时需要关注整个供应链的可持续性。因此，供应链的复杂性增加了评估的难度和不确定性。

（2）政策法规变化。随着全球对可持续发展的重视程度不断提升，各国政府纷纷出台相关政策法规以推动企业改善 ESG 表现。然而，政策法规的变化可能给 ESG 投资带来不确定性和风险，需要投资者密切关注并及时调整投资策略。

综上所述，ESG 尽职调查对投资者而言是一项复杂而艰巨的任务。为了克服这些难题，投资者需要不断提升自身的专业素养和综合能力，加强与各方的沟通和合作，并密切关注全球 ESG 发展趋势和政策法规变化。

10.2 ESG 投资尽职调查关键环节

通过尽职调查，ESG 投资者可以全面、深入地评估投资标的的可持续性和预期收益。在进行尽职调查的过程中，ESG投资者要注意一些关键环节，如收集信息、选择对标企业、分析企业的ESG表现等，以更好地识别风险、把握机遇，为实现可持续发展目标提供支持。

10.2.1 收集信息：访谈或实地考察

在ESG投资尽职调查过程中，访谈、实地考察是收集信息的重要途径。通过访谈或实地考察，投资者可以更深入地了解企业的ESG表现，识别潜在风险和机会，为做出投资决策提供有力支持。

在尽职调查中，访谈对象不仅包括发行人、被投资方的相关负责人，还包括被投资方的重要客户。在对这些访谈对象进行访谈时，投资者要做好记录，并让受访者在记录上签字，确保访谈资料真实、可靠。

俗话说"百闻不如一见"。现场考察可以让投资者对被投资方有更全面的认识。例如，调查某企业的工厂时，工厂的具体位置在哪里就需要投资者现场考察，以确认实际地址与证照上登记的地址是否一致。

在访谈与实地考察过程中，ESG投资者需要重点收集环境、社会、治理方面的信息，以评估目标企业的ESG表现和可持续性。

1. 环境方面

（1）资源消耗与能源利用。了解企业的资源消耗情况，包括水、电、原材料等的使用效率及节约措施。

（2）污染防治与废弃物处理。询问企业的污染防治措施、废弃物管理政策及其执行效果，包括有害废弃物的处理和回收再利用情况。

（3）气候变化应对。了解企业是否制定了应对气候变化的策略，如减少碳排放、提高能源效率等，并考察其实际行动和成效。

（4）生物多样性与生态保护。了解企业在保护生物多样性和生态环境方面的努力和成果，如是否参与生态保护项目、保护濒危物种等。

（5）环境管理制度与措施。了解企业的环境管理架构、制度和政策，以及它们如何确保企业活动符合环境法规和标准。

2. 社会方面

（1）员工权益与福利。通过访谈和实地考察了解企业的员工权益保障情况，包括薪酬、工时、劳动安全、职业健康、培训与发展机会等。

（2）产品与服务管理。评估企业的产品和服务是否符合社会责任要求，如是否提供安全、健康、环保的产品和服务，是否关注消费者权益保护等。

（3）供应链安全与管理。了解企业在供应链管理方面的政策和措施，包括供应商的选择标准、供应链风险管理、供应链透明度等。

（4）社会贡献与公益活动。考察企业是否积极参与社会公益活动，如教育支持、扶贫济困、灾难救助等，以及其在社区中的形象和影响力。

3. 治理方面

（1）治理结构与组织架构。了解企业的治理结构、组织架构和决策机制，评估其是否健全、透明和有效。

（2）规范治理与合规经营。考察企业是否遵守相关法律法规和规章制度，是否建立了完善的合规管理体系和风险管理机制。

（3）投资者关系与股东权益。了解企业如何维护投资者关系、保障股东权益，包括信息披露透明度、股东大会制度、投资者沟通渠道等。

（4）信息披露与透明度。评估企业信息披露的完整性和及时性，包括财务报告、ESG 报告、社会责任报告等的发布情况。

访谈和实地考察是 ESG 投资尽职调查中收集信息的有效方法。通过这两种方法，投资者能深入挖掘企业在 ESG 方面的真实表现，为做出明智的投资决策提供有力支持。

10.2.2 选择对标企业：与相似企业做对比

在ESG投资中，选择一个对标企业具有多重重要意义，主要体现在以下几个方面。

（1）提供基准和参考。对标企业为投资者提供了一个明确的基准和参考点。通过对比目标企业和对标企业在ESG方面的表现，投资者可以更加清晰地了解目标企业在行业中的位置、优势和不足，从而做出更加客观、准确的投资决策。

（2）促进目标企业改进。对标企业通常是在ESG方面表现优秀、具有行业领先地位的企业。通过与对标企业的对比，投资者可以明确目标企业在ESG方面的差距和潜在改进空间。这可以激发目标企业采取更加积极的措施来改进其ESG表现，进而提升企业的可持续性和长期价值。

（3）优化投资策略。通过对比目标企业和对标企业在ESG方面的表现，投资者可以更加深入地了解ESG因素对企业价值和长期发展的影响。这有助于投资者优化投资策略，将ESG因素纳入投资决策的考量范围，从而选择那些更符合其ESG投资理念和价值观的企业进行投资。

在进行ESG投资时，投资者选择对标企业并将其与目标企业做对比是一个复杂但至关重要的过程。以下是详细的步骤。

1. 明确对标原则

投资者需要设定对标的基本原则，如可比性（选择与目标企业在行业、规模、发展阶段等方面相似的企业）、公正性（确保信息来源可靠，避免偏见）、透明性（对标企业的ESG信息应公开透明）等。

2. 确定对标范围

投资者可以根据行业特点、企业规模、发展阶段等因素，初步筛选出潜在的对标企业。

通常来说，行业内的领军企业、ESG 表现突出的企业，或者与目标企业在某些 ESG 领域有相似挑战和机遇的企业更适合作为对标企业。

3. 收集 ESG 信息

投资者需要通过多种渠道收集目标企业和潜在对标企业的 ESG 相关信息，包括但不限于企业年报、ESG 报告，官方网站、第三方数据提供商（如 MSCI、Sustainalytics）提供的报告等。

需要注意的是，投资者应重点关注环境绩效、社会责任和企业治理（如治理结构、信息披露、股东权益保护等）等方面的数据。

4. 筛选对标企业

根据收集到的 ESG 信息，投资者需要对潜在对标企业进行综合评估。评估维度包括 ESG 表现、行业地位、企业规模、ESG 战略和愿景、风险管理能力等。在评估之后，投资者可以选择在 ESG 方面表现优秀、与目标企业具有可比性且能够提供有价值参考的企业作为对标企业。

通过以上步骤和方法，投资者可以筛选出一个合适的对标企业，从而为 ESG 投资决策提供有力的支持。

10.2.3 分析 ESG 表现：明确是否投资

在做出投资决策前，投资者应充分关注企业的 ESG 表现。通过综合评估企业的环境、社会和治理表现，投资者可以更好地识别投资机会，降低风险，实现可持续的投资回报。

在环境方面，投资者应深入分析企业的碳排放情况。一家致力于减少温室气体排放、积极采取节能减排措施的企业，展示出其对全球气候变化的责任感。那些投资于清洁能源技术研发、提高能源利用效率、逐步淘汰高污染生产设备的企业，往往在环境方面表现出色。这样的企业不仅能降低因环境法规趋严而带来的潜在风险，还能在未来低碳经济的大趋势中抢占先机。

同时，资源的可持续利用也是评估企业环境表现的重要方面。这包括企业在水资源管理、废弃物处理等方面的具体实践。一家能够高效循环利用资源、减轻对自然资源过度依赖的企业，在环境领域具备更强的竞争力。

社会方面的因素同样不容忽视。投资者应关注企业在员工福利和发展方面的举措。提供良好的工作环境、公平的薪酬体系、充足的培训机会以及职业晋升通道的企业，能够吸引和留住高素质的人才。这样的企业往往具有较高的员工忠诚度和生产效率。

此外，企业对所在社区的影响也在评估范围内。积极参与社区公益项目，为当地教育、医疗等公共事业做出贡献的企业，能够树立良好的社会形象，增强社会认同感。例如，一家企业设立奖学金鼓励当地学生深造、为社区医院捐赠医疗设备等行为，展现了其社会责任感。

在治理方面，投资者会重点审视企业的董事会结构、独立性、透明度及信息披露机制等关键因素。一个由多元化背景成员组成、具备独立决策能力的董事会，能够更好地监督企业运营，保障股东利益。同时，企业应当及时、准确、全面地披露财务信息、经营状况以及 ESG 相关数据，以增强投资者的信任与信心。此外，企业的反腐败政策和合规管理体系的健全程度也是评估其治理水平的重要指标之一。

综上所述，ESG 表现为投资者提供了一个全面且深入的视角来审视投资标的，能够帮助投资者做出更加理性和明智的决策。以 ESG 为标尺，投资者能够更准确地衡量投资标的的深度和广度，从而发现那些真正具有长期价值和成长潜力的优秀企业。

第10章 投前尽职调查：将风险降到最低

10.3 通过尽职调查识别风险

为了确保投资的安全性和可持续性，投资者需要通过尽职调查来识别和评估潜在的风险。其中，气候风险、社会型风险和治理型风险需要 ESG 投资者重点关注。

10.3.1 气候风险：警惕"黑天鹅"事件

气候风险不仅包括直接的气象灾害，如洪涝、干旱等，还包括因气候变化引发的间接风险，如供应链中断、政策变动等。这些风险可能对企业的生产经营、财务状况和声誉产生严重影响。因此，企业和投资者需要对气候风险进行全面评估，以在应对气候变化方面做好充足的准备。

气候风险具有复杂性和多样性。直接的天气灾害会对企业的基础设施、生产线造成实质性损害，导致生产中断、成本上升。同时，气候变化导致的极端天气事件也增加了保险理赔的支出，进一步压缩了企业的利润空间。

此外，气候风险还表现在供应链的不稳定性上。气候变化可能引发资源短缺、物流受阻等问题，企业的原材料供应和产品销售都可能受到影响。供应链的不稳定性不仅影响企业的正常运营，还可能打击投资者的信心。

某投资公司拟对一家能源企业进行投资。在尽职调查过程中，除了关注企业财务状况、市场竞争力等传统因素外，该投资公司还着重分析了企业所面临的气候风险。

首先，该投资公司研究了该企业所在地区的历史气候数据及未来气候变化趋势，评估了可能遭遇极端天气事件的频率与强度。其次，调查了该企业的碳排放状况，包括直接与间接排放，并将其与行业标准进行比对。最后，该投资公司还了解了该企业是否具备应对气候变化的策略与措施，如节能减排计划、可再生能源运用等。

通过对该企业管理层进行访谈和实地考察，该投资公司发现该企业在财务与市场方面表现良好，但在应对气候变化方面存在潜在风险。例如，部分生产设施位于易受洪水侵袭的地区，且尚未制定完善的应急预案；碳排放水平较高，未来可能面临碳税和监管压力。

基于以上调查结果，该投资公司在做出投资决策时充分考虑气候风险因素，并与企业协商制定了相应的风险管理措施，有效避免了"黑天鹅"事件发生。

10.3.2　社会型风险：巨额罚单背后的隐患

社会型风险具有隐蔽性、复杂性、影响力大的特点，需要投资者重点关注。近年来，一些企业因存在社会型风险而收到巨额罚单，不仅对企业声誉造成严重影响，还导致企业陷入经营困境。鉴于此，在ESG投资过程中，通过尽职调查识别社会型风险已成为投资者防范风险的重要手段。

例如，某些企业因劳工问题，如不合理的工作时长、恶劣的工作环境等，受到社会舆论的强烈谴责，不仅企业形象受到损害，还可能面临法律制裁；在产品安全和质量方面，一些企业未能尽到应尽的责任，导致消费者权益受到损害，需要付出巨额赔偿。

以某知名食品企业为例，在一次常规检查中，该企业发现其部分产品存在质量问题。起初，该企业并未重视这一潜在风险，认为只是个别事件。然而，随着问题的曝光和传播，消费者的信任瞬间崩塌，企业的声誉遭受重创。紧接着，各种调查和诉讼纷至沓来，企业不得不面对巨额的罚款和赔偿。这一事件充分说明了社会型风险就像隐藏在暗处的"定时炸弹"，稍有不慎便会引发灾难性的后果。

尽职调查在识别风险方面起到关键的"排雷"作用。通过对企业的运营流程、员工管理、供应链等方面进行全面深入的调查，投资者可以发现潜在的社会型风险点。具体而言，投资者需要审查企业的劳工合同和政策，确保员工权益得到保障；考察企业的生产环节，了解产品质量的把控措施是否完善；了解企业与社区的关系，了解是否存在潜在的冲突和矛盾。

此外，投资者在进行尽职调查时，还需要关注企业的社会责任履行状况。具备社会责任感的企业通常能够更有效地应对社会型风险，如积极参与公益活动、推动可持续发展、与利益相关者保持良好沟通等。在调查过程中，投资者需要评估企业是真正将社会责任融入企业战略及日常运营中，还是仅做表面文章。

在识别出社会型风险后，企业应果断采取措施解决问题。这可能涉及优化管理流程、加强员工培训、完善质量控制系统等。同时，企业还需建立高效的风险预警和应对机制，以便在风险初现时便能及时采取行动，防止风险扩大。

10.3.3 治理型风险：财务欺诈不可取

治理型风险主要涉及企业治理结构、内部控制体系、合规管理等方面，可能导致企业遭受财务损失、声誉受损，甚至受到法律制裁。为了确保 ESG 投资的安全性和可靠性，投资者在投资前通过尽职调查识别和防范治理型风险至关重要。

财务欺诈是治理型风险的一种表现形式，它不仅可能给企业带来财产损失，还可能严重损害企业的声誉、打击股东信心。财务欺诈通常包括虚假披露、账务处理不当、资金违规使用等行为。为了防范财务欺诈，投资者应积极开展尽职调查，确保财务报告的真实性和准确性。

曾经有一家上市公司，其财务造假案引起了社会的广泛关注。这家公司通过虚构业务、伪造合同等不正当手段，夸大了自身的业绩和财务状况。在很长一段时间里，投资者基于这些虚假的财务信息进行投资，最终遭受了巨额损失。

这个过程可以分为几个阶段来分析。首先，这家公司为了掩盖真实财务状况，采取各种手段伪造业绩和数据。这些虚假信息被公开后，误导了投资者，使他们相信这家公司的实力和前景。其次，投资者在缺乏真实信息的情况下，基于虚假的财务数据进行投资，推动公司股价上涨。然而，这种上涨并非基于公司的真实价值，而是一种虚假繁荣。

然而，真相终究会浮出水面。当真实的财务信息被揭露，投资者发现他们所投资的是一家财务状况极度恶化的公司。于是，投资者纷纷抛售股票，公司股价暴跌。许多投资者在这场金融风暴中血本无归，公司也陷入了破产的边缘。

财务欺诈是商业领域不可忽视的一个重要风险。通过尽职调查来识别治理型风险中的财务欺诈隐患，是保护投资者利益、维护市场秩序的必要手段。在进行尽职调查时，投资者要全面、深入、细致，不放过任何一个可能的风险点。

10.3.4 毕马威：协助某私募股权基金收购全球领先制造企业

在商业舞台上，企业间的并购交易大戏持续上演，而专业服务机构往往在其中扮演着至关重要的角色。毕马威是一家全球知名的会计专业服务机构，在协助某私募股权基金收购一家全球领先制造企业的过程中，展现出了卓越的专业能力和价值。

此次收购涉及的这家全球领先制造企业，在其所在领域拥有深厚的技术积淀和广泛的市场影响力。对于该私募股权基金来说，这是一次具有重大战略意义的投资机会，但同时也面临着诸多复杂的挑战和风险。

毕马威的专业团队从一开始就深度介入，他们首先对目标企业进行了全面而细致的尽职调查。通过深入分析财务报表、运营数据、市场状况等多方面的信息，毕马威的团队准确地评估了该制造企业的真实价值和潜在风险。在这个过程中，他们敏锐地发现了一些可能影响交易的关键问题，并及时与客户（该私募股权基金）沟通，为后续的谈判和决策提供了坚实的基础。

在谈判阶段，毕马威凭借其丰富的经验和专业知识，为客户提供了精准的策略建议。他们帮助客户在价格、条款、后续整合等方面进行了精心的谋划和博弈，以确保客户能够在交易中获得最大的利益。同时，毕马威也积极协调各方资源，

第10章
投前尽职调查：将风险降到最低

确保谈判顺利进行。

交易完成后，毕马威的工作并没有结束。他们继续为客户提供后续的整合支持，帮助企业顺利过渡和融合。通过优化组织结构、整合业务流程、提升管理效率等措施，毕马威助力融合后的新企业实体实现了协同效应，释放出更大的发展潜力。

在整个收购过程中，毕马威始终保持着高度的专业精神和敬业态度。其团队与客户紧密合作，及时沟通和反馈信息，确保其能够做出明智的决策。同时，他们也积极协调各方资源，确保收购工作顺利进行。

通过这个案例，我们可以清晰地看到毕马威作为专业服务机构的卓越能力和重要作用。其以专业的知识、丰富的经验和敬业的精神，为客户提供了全方位的支持和保障。

第11章 价值分析与量化：避免决策失误

　　ESG投资不仅是一种投资理念的革新，更是对传统投资模式的深刻重塑。ESG投资的价值体现在多个维度上。在环境维度上，可以促进可持续发展；在社会维度上，ESG投资可以促进社会和谐与公平；在治理维度上，ESG投资可以确保企业稳健运营。对企业价值进行分析与量化，能让投资者清晰洞察企业在可持续发展道路上的努力与潜力，让资金流向更具长远意义和能带来丰厚回报的领域。

第 11 章
价值分析与量化：避免决策失误

11.1　ESG 投资与价值分析

ESG 投资为投资者提供了一个更全面、更长远的视角，帮助他们在追求经济利益的同时，为社会发展和环境保护做出积极的贡献。对 ESG 投资的价值进行分析能深度挖掘企业的可持续发展潜力，不仅能助力企业长远稳健发展，也为投资者开辟了一条兼顾经济效益与社会效益的投资路径。

11.1.1　贯穿 ESG 投资流程的价值分析

无论是在投前进行投资定价分析，还是在投后考评被投企业的价值增减情况，又或是在最后退出时对被投企业的退出价值进行判断，投资者都需要对被投企业的价值进行量化分析。投资者只有对被投企业在各个投资阶段与 ESG 相关的价值增减点予以量化处理，才能更有效地分析 ESG 对企业价值的影响。

下文以某家从事整车生产业务的公司为例，讲述 ESG 因素对股权价值的影响。该公司计划推出自有新能源品牌并投入相关生产线，且将这一计划纳入公司向投资者提供的财务预测中。

为了对该公司股权价值进行准确估值，投资者采用收益法和市场法两种方法进行分析。在采用收益法对该公司股权价值进行估值时，研究人员采用情景分析法与敏感性分析相结合的方式。

情景分析法即借助建模工具，对不同情景下，不同 ESG 驱动因素对价值的影响进行量化分析。每个驱动因素都可以被单独拆分，其对价值的影响也可以清晰地呈现出来。敏感性分析则是针对主要价值驱动因素进行分析，以明确其重要性和对股权价值的影响程度。通过对 ESG 影响因素进行量化分析，投资者可以获取更全面、准确的估值参考。

在运用市场法对该公司股权价值进行评估时，投资者采用驱动因素比较法和市场倍数比较法。驱动因素比较法是通过比较同类 ESG 评分较高的可比上市公司的主要财务数据与该公司财务预测中的财务数据，来评估该公司的价值。市场倍数比较法则是分析 ESG 评分较高与较低的可比上市公司在市场倍数方面的差异，从而了解 ESG 因素对市场估值的影响。

11.1.2　ESG 评级与股价反应

ESG 评级不仅是一种评估企业可持续发展能力的重要工具，还是衡量企业长期价值的重要指标。

ESG 评级与股价反应之间存在着一定的相关性。当一家企业获得较高的 ESG 评级时，往往会吸引更多具有长期投资视角和社会责任意识的投资者。这些投资者不仅关注短期的财务回报，更看重企业的可持续发展潜力和长期价值创造能力。他们为企业投入资金，会推动股价上涨，同时也提升了企业的市场声誉和品牌形象。

ESG 评级较高的企业通常在环境方面有着良好的表现。这类企业积极投身于减少碳排放、合理利用资源以及推进可持续发展项目等工作。随着社会对环境问题的关注度日益提升，此类企业因其积极的环保行动而备受投资者青睐。例如，新能源企业凭借其环境友好型的业务模式，在 ESG 评级中具有明显优势。

当新的环保政策颁布或者全球对气候变化的关注度提高时，投资者会预计这些企业的业务将进一步拓展，市场份额也会随之增加，进而推动其股价上扬。而那些环保评级较低的企业，则可能面临环保监管处罚、生产受限等风险，投资者会对其未来的盈利能力产生担忧，从而使股价面临下行压力。

从社会层面来看，ESG 评级与股价之间的联系也十分紧密。在社会层面表现良好的企业，如重视员工权益、踊跃参与公益事业以及关注产品质量与安全的企业，能够在消费者心中树立正面形象。良好的社会声誉有助于吸引更多客户，增加市场份额，进而提高企业的盈利能力。

企业在社会层面所做出的积极行为在 ESG 评级上有所体现后，投资者会对企业的长期发展产生乐观的预期，使股价在市场上的表现更为强劲。反之，那些在社会层面存在负面新闻的企业，如劳动纠纷频发、产品质量问题严重等，其 ESG 评级会降低，投资者信心会遭受打击，股价也会受到负面影响。

治理对股价的影响同样不容忽视，拥有良好治理结构的企业在 ESG 评级中会占据优势。完善的内部监督、高效的决策机制以及合理的管理层激励制度，能够保证企业运营的高效性与稳定性，投资者对企业的管理能力和风险控制能力有较高的信任度。当企业公布良好的治理实践时，往往会吸引更多的长期投资者，从而对股价起到支撑作用。而治理混乱的企业，如存在内部腐败、财务造假等问题，其 ESG 评级会大幅下降，投资者会纷纷抛售股票，致使股价暴跌。

ESG 评级与股价之间的关系是复杂而多变的。在决策过程中，投资者应将 ESG 评级作为一个重要的参考因素，但同时也要结合企业的财务状况、行业竞争格局、宏观经济环境等进行综合分析。企业也应充分认识到提升 ESG 表现的重要性，通过采取可持续发展策略，实现经济效益和社会效益的双赢，为股东和社会创造更大的价值。

11.1.3　关注企业的信息披露情况

企业信息披露具有重要的价值，如保护投资者利益、增强市场信心、促进市场健康发展、提高企业透明度等，在企业可持续发展过程中发挥着举足轻重的作用。

阿里巴巴集团控股有限公司（简称"阿里巴巴"）于 2022 年 8 月发布了首份中文版 ESG 报告，涵盖了七个长期战略方向，包括修复绿色星球、支持员工发展、服务可持续的美好生活、助力中小微企业高质量发展、助力提升社会包容与韧性、推动人人参与的公益、构建信任。在该报告中，阿里巴巴详细披露了环境、社会和治理方面的诸多信息。

在环境层面，阿里巴巴致力于减少碳排放并运用技术创新提高能源效率；在社会层面，其关注员工发展与福利，推动公益事业发展，积极参与社会包容和韧性建设；在治理方面，其强调治理透明度、合规性和风险管理。

通过发布 ESG 报告，阿里巴巴向投资者和利益相关者展示了其在可持续发展方面的积极努力和显著成果。这不仅有助于提升阿里巴巴的形象和声誉，还能吸引更多关注 ESG 的投资者，使阿里巴巴获得更多的 ESG 发展机遇。

投资者在进行 ESG 投资时，要关注并分析企业的信息披露情况。具体来说，投资者可以从三个方面入手，如图 11-1 所示。

图 11-1　关注企业信息披露情况的途径

1. 关注定期报告

企业定期发布的财务报告、社会责任报告等是投资者了解企业信息的重要途径。这些报告包含了企业运营、财务、战略等方面的详细信息，有助于投资者全面了解企业状况。

2. 跟踪重大事项公告

企业重大事项公告，如并购重组、战略合作、项目进展等，往往会对企业的股价和市场表现产生重要影响。投资者应密切关注这些公告，以便及时把握投资机会。

3. 利用专业机构的研究报告

专业机构（如证券公司、评级机构等）发布的研究报告，往往包含了对企业的深入分析和价值评估。投资者可以借助这些报告，更全面地了解企业的价值和风险。

综上所述，关注企业的信息披露情况是维护市场秩序、保障投资者权益的重要举措。通过加强信息披露、提升信息透明度，企业可以为投资者提供更为可靠的决策依据，促进 ESG 市场的健康发展。

11.2 关于价值量化的三个理论

在价值量化方面，存在三个相关的理论：利益相关者理论、信号传递理论和托宾 Q 理论。利益相关者理论强调各相关方利益的平衡与最大化；信号传递理论指出企业行为可传递价值信号；托宾 Q 理论用资产重置成本衡量企业价值。理解这些理论，有助于投资者更好地分析和评估企业价值。

11.2.1 利益相关者理论

利益相关者理论是 20 世纪 60 年代左右在西方国家逐步发展起来的。该理论强调，组织发展与利益相关者之间存在相互影响的关系，利益相关者包括股东、员工、债权人、供应商、客户、社区等。因此，在制定发展目标时，组织应全面考虑利益相关者的多元化利益需求，并积极邀请他们参与组织决策过程。

经济学家爱德华·弗里曼在《战略管理：利益相关者方法》一书中，明确提出了利益相关者管理理论。利益相关者管理指的是企业经营管理者为实现各利益相关者利益要求的均衡而进行的管理活动。相较于传统的股东至上主义，利益相关者管理理论认为，企业的发展离不开各利益相关者的投入或参与，企业追求的是利益相关者的整体利益，而不是特定主体的利益。

利益相关者理论强调，企业的价值创造不仅仅局限于股东和债权人的投资回报,还包括企业对其他利益相关者的责任承担和关爱。在实践中,企业通过积极履行社会责任,提升其他利益相关者的福祉,从而提高企业的整体价值。这一理论启示企业,只有关注和满足所有利益相关者的需求,企业才能实现长远发展。

在价值量化方面,利益相关者理论主要体现在企业社会责任报告和可持续发展报告中。这些报告详细揭示了企业在经济、环境和社会三个方面的绩效表现,为投资者、政策制定者和公众提供了衡量企业价值的参考依据。通过对这些报告的深入分析,投资者可以全面了解企业在不同利益相关者群体中的表现,进而评估企业的价值创造能力。

11.2.2 信号传递理论

信号传递理论主要研究在信息不对称的市场环境下,企业如何凭借信号传递来对投资者的决策产生影响,从而使自身的市场表现得以提升。

企业通过释放各种信号(如价格、产量、研发投入等)向市场传递有关其内在价值的信息,进而影响市场对其价值的认知和预期。这一过程涉及企业与投资者、监管部门等利益相关者之间的信息不对称问题,企业需要通过有效的信号传递来降低信息不对称带来的负面影响。

对于投资者而言,他们往往面临着对企业真实状况了解不足的问题。对此,企业可以通过采取一些特定的行动,如发布高质量的财务报告、积极进行社会责任披露、稳定股利政策等,向投资者传递积极的信号,表明自身具有良好的发展前景和内在价值。

在实践中,企业通过释放正面信号来获得市场对其价值的认可。具体而言,企业可以采取以下几种方式,如图11-2所示。

(1)加大研发投入。研发投入是企业创新能力的重要体现。企业可以通过不断加大研发投入,向市场传递出其具备较强竞争力的信号。

(2)提高资本运作效率。企业可以通过优化资本结构、提高资本运作效率,向市场展示自身的盈利能力和可持续发展潜力。

图 11-2　企业释放正面信号的方式

（3）优化管理。企业可以通过改进管理模式、提升管理水平，向市场传递出自身具备高效运营能力的信号。

（4）其他信号。企业还可以通过发布财报、开展公益活动、获得行业认证等方式，向市场传递能够展现自身价值的信号。

信号传递理论为企业提供了一种在经济活动中影响市场对其价值判断的方法。企业应充分认识到信号传递在价值量化过程中的重要作用，通过释放正面信号，获得市场对其价值的认可。

11.2.3　托宾 Q 理论

托宾 Q 理论源于美国经济学家詹姆斯·托宾在 20 世纪 60 年代开展的一项研究，旨在评估企业资产的市场价值。该理论认为，企业的市场价值与其资产的重置成本之比（即 Q 值）可以作为衡量企业价值创造能力的指标。当 Q 值大于 1 时，表明企业的市场价值高于其资产的重置成本，意味着企业具备价值创造能力；反之，则表明企业价值未能得到有效实现。

托宾 Q 理论在宏观经济层面的应用更具现实意义。Q 值可以作为衡量经济活跃程度的一个重要指标，高 Q 值通常预示着经济繁荣和投资活跃。例如，在经济上行周期，企业的市场价值上涨，Q 值增大，这会刺激企业加大投资力度，进一步推动经济增长。

而低 Q 值表示经济相对低迷。在这种情况下，企业会更加谨慎地对待投资，从而影响整个经济的运行。

假设一家企业的股票市场市值达到 100 亿元，而其资产重置成本为 80 亿元。依据托宾 Q 理论，该企业的托宾 Q 系数为 1.25（100÷80）。Q 值大于 1，说明该企业在资本市场的市值高于其资产重置成本。遵循托宾 Q 理论的逻辑，这种状况可能激发企业进行新一轮投资。

此外，托宾 Q 理论还有助于政策制定者更好地调控经济。通过观察 Q 值的变化，政策制定者可以及时了解经济发展状况，并采取相应的政策措施。在高 Q 值时期，政策制定者可以适时调整货币政策，防止经济过热；而在低 Q 值时期，政策制定者可以实施刺激经济的政策，以促进经济增长。

托宾 Q 理论有助于投资者更加理性地评估企业的投资价值，也为政策制定者提供了洞察经济运行的一个视角。投资者应充分利用这一理论，结合自身实际情况，做出更加科学合理的投资决策。

11.3 价值量化流程及实践

作为一种评估企业价值的方法，价值量化在企业运营、投资决策和政策制定等方面具有重要意义。通过遵循 7 个步骤，企业可以更好地实现价值量化，提升自身竞争力和市场表现。下面详细讲述价值量化的 7 个步骤，并通过绿色环保行业咨询机构的实践案例，证明价值量化在实际应用中的有效性。

11.3.1 做好价值量化的 7 个步骤

在 ESG 投资中，准确量化 ESG 投资价值是重要一环。而做好价值量化并非易事，投资者需要遵循 7 个关键步骤，如图 11-3 所示。

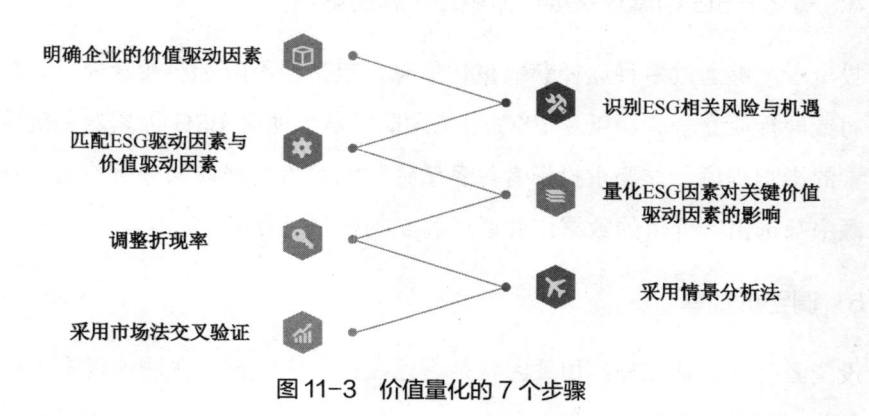

```
明确企业的价值驱动因素
                          识别ESG相关风险与机遇
匹配ESG驱动因素与
  价值驱动因素
                          量化ESG因素对关键价值
                             驱动因素的影响
   调整折现率
                            采用情景分析法
  采用市场法交叉验证
```

图 11-3　价值量化的 7 个步骤

1. 明确企业的价值驱动因素

投资者需要深入洞察企业的业务运营、投资以及融资活动。这就如同构建大厦的地基一般，只有清晰知晓企业在日常运营中创造价值的方式、投资布局以及融资渠道与成本等情况，才能为后续分析奠定基础。通过对企业财务报表、业务报告以及行业动态进行研究，投资者能够明确企业的价值驱动因素。

2. 识别 ESG 相关风险与机遇

投资者可运用 SASB 重要性评估框架，找到与企业紧密相关的 ESG 驱动因素，进而识别潜在风险与发展机遇。通过分析环境、社会和治理这 3 个维度与业务之间的关系，投资者可以发现那些容易被忽略的关键驱动因素。

3. 匹配 ESG 驱动因素与价值驱动因素

投资者可依据管理层提供的信息、SASB 矩阵以及 ESG 尽职调查报告等多维度数据，将 ESG 驱动因素与企业的收益、成本及投资信息进行匹配。这是一个把抽象的 ESG 因素与具体财务数据相结合的过程，让 ESG 不再是一个模糊概念，而是成为与企业价值创造直接关联的要素。

4. 量化 ESG 因素对关键价值驱动因素的影响

投资者能够通过多种途径获取量化信息，包括但不限于企业管理层、可比上市公司或同行业竞争者，以及 ESG 咨询团队，从而明确 ESG 因素对关键价值驱动因素的影响程度。这要求投资者具备敏锐的洞察力与严谨的分析能力，从众多信息源中筛选出有价值的数据，并通过科学的模型进行量化。

5. 调整折现率

投资者必须评估 ESG 相关因素是否已在折现率或财务预测的现金流中得到充分考量。如果这些因素未被充分考虑，那么应根据具体情况，在折现率中加入企业特有的溢价风险。这一过程是对传统估值方法的增补与优化，确保 ESG 因素在投资决策中得到恰当的反映。

6. 采用情景分析法

通过运用情景分析法，投资者能够深入探究在各种不同情景下，ESG 因素如何影响财务预测和企业价值。例如，考虑在严格的环境法规情景与宽松的环境法规情景下，企业价值会发生怎样的变化。这种方法有助于投资者更全面地评估 ESG 因素带来的不确定性。

7. 采用市场法交叉验证

在这一环节中，投资者需要考虑在市场倍数上应用折扣或溢价的策略，以体现 ESG 因素对企业价值的影响。这一步骤是对先前所有分析的全面审视，旨在确保通过多种评估方法得出的 ESG 投资价值是精确且可信的。

通过这 7 个步骤，投资者能够更科学、更系统地量化 ESG 投资价值，在投资决策中充分考量 ESG 因素，进而构建出更具可持续性与长期价值的投资组合。

11.3.2　绿色环保行业咨询机构的价值量化经验

绿色环保行业咨询机构在推动绿色发展、实现可持续目标方面发挥着不可或缺的作用。通过量化其价值，投资者可以更清晰地认识到它们的重要性，也为企业和社会更好地利用咨询机构的服务提供了有力支持。

绿色环保行业咨询机构的价值还体现在推动整体行业发展上。它们通过参与行业标准的制定、技术创新的推动等，为整个行业营造了良好的发展环境。此外，它们可以通过对大量企业数据的分析，为行业提供有针对性的发展建议，引导资源的合理配置。

某专业从事绿色环保行业管理咨询业务的企业，计划对自己的股权价值进行详尽的评估。在此过程中，该企业必须充分考量并纳入企业账面上所持有的碳配额资产及国家核证自愿减排量资产。

该企业的股权估值可分为两部分。一部分是日常运营中通过管理咨询业务所实现的业务价值。在对此部分价值进行审慎评估时，该企业采用现金流量折现法，进行了全面而深入的分析，以精准地揭示其潜在的业务盈利潜能及长远的成长潜力。

另一部分是企业账面上具备投资潜力的碳资产价值。在深入研究国内各大交易所的交易活跃度、交易单价及其变动趋势的基础上，该企业运用市场法，并充分考虑可能存在的流动性折扣等关键因素，进行了合理的调整和估算，最终得出了碳资产的估值。

绿色环保行业咨询机构不仅帮助企业实现了经济效益与环境效益的平衡，更推动了整个社会向可持续发展的方向迈进，它们的价值量化经验如同指南针，指引着企业在绿色环保之路上稳健前行。

第12章

投后管理与增值：打开复利大门

　　投后管理是开启财富复利增长的关键钥匙。其重要性不言而喻，是投资流程中不可或缺的一环，对确保投资收益的稳定增长具有深远的影响。具体来说，投后管理不仅能够保障投资的安全性和盈利性，还有助于投资者深度参与和协助被投资企业，创造更大的价值，实现财富的持续增长。

第 12 章
投后管理与增值：打开复利大门

12.1 想增值，投后管理必不可少

想要实现资产的增值，投后管理不可或缺。投后管理的核心目的在于通过精细化的管理，为企业或投资项目带来额外的价值增长。在具体的实践中，这涉及对投资项目的全程监控、评估和调整，以确保其能够按照既定的方向和计划高效推进。

12.1.1 如何分析投后管理的投入产出比

分析投后管理的投入产出比（Return on Investment，ROI）是一个综合性的任务，它涉及对投资项目实施后所投入的资源与所获得的收益之间进行细致的计算与评估。在进行这项分析时，我们应当遵循以下几个步骤来确保分析的准确性和有效性，如图 12-1 所示。

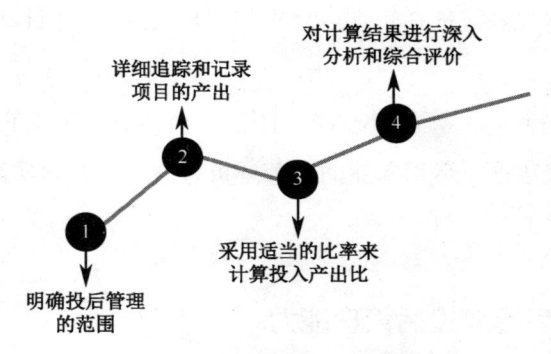

图 12-1 分析投后管理的投入产出比的步骤

首先，明确投后管理的范围。投后管理不仅包括对投资项目的日常监控，还涵盖对项目的战略指导、运营优化、风险控制以及资源整合等方面。这意味着要

对项目实施后所有的投入进行全面的梳理和量化，包括但不限于资金投入、人力成本、时间成本以及管理层的精力等。

其次，详细追踪和记录项目的产出。项目的产出包括直接的经济收益，如销售收入、利润等，也包括间接效益，如品牌价值的提升、市场份额的扩大、客户的增加等。对这些产出进行量化，需要建立一套科学的评估体系，确保数据的准确性和可信度。

再次，采用适当的方法来计算投入产出比。常见的投入产出比计算方法有净现值（Net Present Value，NPV）法、内部收益率（Internal Rate of Return，IRR）法、回报周期法等，投资者可以根据自身的需求选择相应的方法。

例如，净现值法能够帮助投资者评估投资收益的现值总和与总投入之间的差额；内部收益率则可以看作投资的净现值等于零的贴现率，反映了投资的收益能力；回报周期则直观地显示了投资回本的速度。

最后，投资者需要对计算结果进行深入分析，并结合市场环境、行业标准、企业战略等进行综合评价。投资者需要将投后管理的投入产出比与同行业其他项目进行比较，以此来判断投资是否高效。此外，投资者还应关注长期的投入产出关系，因为某些投资可能在短期内看不到明显的回报，但长远来看能带来丰厚收益。

综上所述，分析投后管理的投入产出比是一个系统工程，它需要投资者全面、深入地收集和处理数据，运用专业的财务分析方法，并结合实际情况进行合理的判断和决策。

12.1.2　如何提高投后管理能力

投资是否成功不仅取决于投资决策是否准确，投后管理同样至关重要。投资者应掌握一些方法，不断提升自己的投后管理能力，获取更大的投资价值。

投资者需要建立完善的投后管理团队。这个团队应涵盖多方面的专业人才，

第12章
投后管理与增值：打开复利大门

包括财务专家、行业分析师、法务顾问等。财务专家能够密切关注被投资企业的财务状况，分析财务报表中的各项数据，及时发现潜在的财务风险，如资金链紧张、成本控制不当等。行业分析师则可以深入研究行业动态，对比被投资企业与同行业竞争对手的发展情况，为企业的战略调整提供建议。法务顾问负责确保与投资相关的各项法律事务合规，保障投资者的合法权益。

加强与被投资企业的沟通交流是投资者提高投后管理能力的关键一环。投资者不能在投资后做"甩手掌柜"，而要与企业保持密切联系。定期的沟通会议可以让投资者及时了解企业的经营状况、项目进展以及遇到的困难。同时，投资者也可以分享自己的经验，为企业的发展出谋划策。在沟通过程中，投资者要善于倾听企业的声音，理解其需求与面临的挑战，建立起相互信任的合作关系。

投资者还应注重对被投资企业的战略引导。根据市场环境的变化以及企业的特点，投资者可以协助企业制定长远的发展战略。例如，在新兴技术兴起的背景下，引导企业适时地进行技术升级与创新，开辟新的市场；在行业竞争加剧时，帮助企业调整市场定位，优化产品结构。通过积极的战略引导，投资者可以推动企业不断适应市场变化，提升竞争力。

数据的监测与分析也是投后管理的重要工作。投资者需要建立一套科学的数据监测体系，收集被投资企业在运营、财务、市场等方面的数据。通过对这些数据的深入分析，投资者可以发现企业发展的趋势与潜在问题。例如，通过分析销售数据，可以判断市场对企业产品的接受程度；通过分析成本数据，可以找出成本控制的优化空间。基于数据分析结果，投资者可以及时调整投后管理策略。

最后，投资者要学会及时进行投后管理的复盘与总结。每一次的投后管理工作都是一次宝贵的经验积累。投资者应回顾在投后管理过程中采取的措施、取得的成效以及存在的不足。对于成功的经验，要进行总结并形成可复制的模式；对于失败的教训，要深入分析原因，避免在后续的投后管理工作中重蹈覆辙。

通过采取以上措施，投资者可以有效地提高投后管理能力，从而保障投资的安全性与收益性，实现投资价值最大化。

12.2 投资者为 ESG 投资赋能

在 ESG 投资中,投资者可以从多方面为投资赋能,助力投资顺利进行。具体来说,投资者可以协助企业制定明确的 ESG 目标,推动其实现可持续发展;助力企业打造价值创造架构,让 ESG 真正融入企业运营;平衡企业 ESG 表现与财务表现,实现共赢。同时,投资者也要做好自我管理,为退出投资做好准备。

12.2.1 协助企业制定 ESG 目标

通过协助企业制定 ESG 目标,投资者可以引导企业更加注重资源的合理利用、员工权益的保障、社区的和谐发展以及企业治理的完善,从而提升企业的内在价值。

那么,投资者应该如何协助企业制定 ESG 目标呢?

首先,投资者需要深入了解企业的业务模式、行业特点和发展战略,结合 ESG 理念和标准,助力企业量身定制符合其实际情况的目标。例如,对于处在高污染行业的企业,投资者可以协助其制定节能减排、减少污染物排放等目标;对于劳动密集型企业,投资者可以协助企业制定员工培训、职业健康与安全等目标。

其次,投资者要与企业管理层进行充分沟通和协商,确保双方对 ESG 目标的理解和认同一致。只有在思想上达成共识,才能在行动上保持协同。投资者与企业管理者应在尊重彼此意见的基础上,共同探讨制定出既符合企业发展需求又具有挑战性的 ESG 目标。

最后,投资者应建立有效的监督和评估机制,定期对企业的 ESG 目标执行情况进行跟踪和评估,及时发现问题并提出改进建议。

"积力之所举,则无不胜也;众智之所为,则无不成也。"投资者与企业携手共进，共同制定和实现 ESG 目标，能够为企业的可持续发展注入新的活力。

12.2.2　打造 ESG 价值创造架构

为了更好地理解和实践 ESG 投资，投资者需要构建一个 ESG 价值创造架构。这个架构不仅能够帮助投资者识别和评估 ESG 相关的投资机会，还能够促进被投资企业提升其 ESG 表现，最终实现经济价值和社会价值的双重提升。打造 ESG 价值创造架构需要投资者关注以下要点，如图 12-2 所示。

1. 推动企业树立明晰的ESG愿景与目标
2. 助力企业构建健全的ESG治理结构
3. 引导企业将资源投入ESG风险管理与机遇识别中
4. 推进企业积极推行与ESG相关的企业文化和价值观

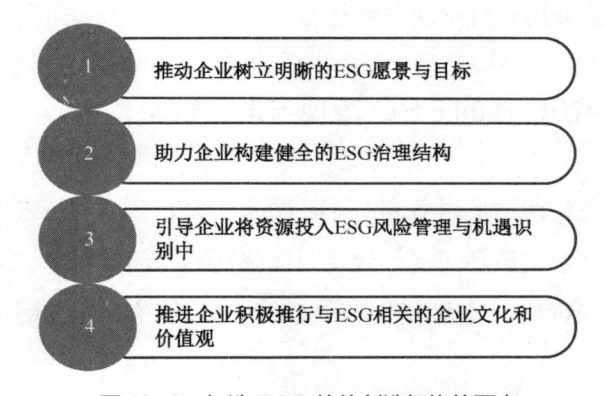

图 12-2　打造 ESG 价值创造架构的要点

（1）投资者应推动企业树立明晰的 ESG 愿景与目标，引导企业做好长远发展规划，让 ESG 理念深入渗透到企业战略的各个层面。同时，投资者需要促使企业拟定具体且可衡量的目标，用于指导 ESG 实践工作的推进，并且对企业定期审查与更新这些目标的情况予以监督，使其能够适应不断变化的外部环境。

（2）投资者应助力企业构建健全的 ESG 治理结构，要求企业设立专门的 ESG 管理委员会或者指定高层管理人员负责 ESG 相关事务，以保障 ESG 决策能够高效执行。此外，投资者需要推动企业建立完备的 ESG 报告体系，督促企业定期向利益相关者披露 ESG 绩效，从而提高企业的透明度与可信度。

（3）投资者应引导企业将资源投入 ESG 风险管理与机遇识别中，推动企业对潜在的 ESG 风险进行评估并制定对应的风险应对策略；鼓励企业挖掘 ESG 领域的潜在机遇，如节能减排、社会责任投资等，以创造新的增长点。

（4）投资者应推进企业积极推行与 ESG 相关的文化和价值观，促使企业将 ESG 理念融入日常运营以及员工行为准则中；要求企业开展培训与教育活动，提升员工对 ESG 的认知与参与积极性，进而塑造全员践行 ESG 理念的文化。

"路漫漫其修远兮，吾将上下而求索。"打造 ESG 价值创造架构的道路或许充满挑战，但这是企业走向未来、实现可持续发展的必经之路。打造 ESG 价值创造架构是一个系统性的工程，要求投资者在投资决策和参与企业管理中始终贯彻 ESG 理念，助力企业提升可持续发展能力，同时也为社会的和谐与进步做出贡献。

12.2.3　平衡企业的 ESG 表现与财务表现

企业如果只关注眼前的财务利益，而忽视了 ESG 因素，在未来发展中将遭遇瓶颈。例如，对环境的破坏可能导致企业面临高额的环保罚单、遭受声誉损失；对员工权益的漠视可能引发人才流失和劳动纠纷；而治理不善则可能导致决策失误和内部腐败。

从 ESG 表现对财务表现的影响来看，积极的环保举措有助于企业节约成本。例如，采用节能技术和可再生能源，尽管前期需要投入一定资金，但从长远来看可降低能源成本。在社会层面，注重员工福利与发展的企业通常能够吸引并留住优秀人才，员工工作效率与忠诚度也会提升，进而推动业务增长。而完善的治理结构能够降低因内部腐败和管理不善所带来的风险，保障企业资产的安全与高效利用。

投资者可以采取多元化策略来平衡企业的 ESG 表现与财务表现。首先，在做出投资决策时，不应仅聚焦于营收、利润等传统财务指标，还需要深入探究企业的 ESG 表现。投资者可以构建综合评估体系，将 ESG 因素进行量化并纳入投资评估模型，例如，对企业在减少碳排放、资源回收利用、员工培训投入等方面的工作进行评估。

其次,要积极与企业管理层沟通。投资者可表达对 ESG 事务的关注,推动企业制定平衡 ESG 表现与财务表现的战略。例如,在企业拓展新业务时,鼓励其同时兼顾环境影响与社会价值,而非仅仅追逐短期财务收益。

再次,要善用股东权利。在股东大会上,投资者可对企业的 ESG 相关提案进行投票,督促企业强化 ESG 管理。对于 ESG 表现欠佳但有改进潜力的企业,投资者可以提供建设性意见与资源支持,助力企业在改善 ESG 状况的同时提升财务表现。

最后,投资者需要保持长期投资视角。ESG 表现对财务表现的影响往往是长期的,不能因短期的财务波动而忽视企业在 ESG 方面的努力。

12.2.4 自我管理:做好退出准备

在 ESG 投资过程中,投资者应当具备前瞻性思维,做好应对突发情况的准备,以便在必要时能够顺利地撤出投资。毕竟,投资本身就是一项风险活动,即便是经营状况良好、业绩卓越的企业,也可能会遭遇各种预料之外的挑战和不确定性。

作为全球最大的资产管理集团之一,贝莱德在致客户的信中郑重阐述了其在 ESG 投资风险管理方面的三大举措。

首先,贝莱德推出一系列旨在促进可持续发展的投资产品。这些产品不仅旨在构建更具韧性的投资组合,而且在信息披露和透明度方面达到新的高度。其次,其通过教育和推广活动,促进投资者对可持续发展投资的认知和接受度,进而推动整个投资行业的绿色革命。最后,贝莱德承诺加强与被投资企业的沟通与合作,更有效地行使股东权利,包括投票权,以促使企业在 ESG 领域采取更加积极和负责的态度。

针对投资组合的 ESG 风险管理,贝莱德特别强调了动力煤行业的风险评估。考虑到动力煤生产企业在碳足迹、经济可持续性以及环境监管压力等方面面临很大的挑战，贝莱德决定逐步淘汰那些收入严重依赖动力煤产业的企业的股票和债券。

具体而言，贝莱德从投资组合中移除那些动力煤业务收入占比超过 25% 的企业的股票和债券，然后逐步实现完全撤离这一投资领域。此外，贝莱德还对那些高度依赖动力煤的其他行业进行深入调查，以评价这些行业是否正在采取有效措施降低对动力煤的依赖，并实现绿色转型。

如今，贝莱德已经成功将其高达 1.8 万亿美元的公开市场主动投资组合从动力煤领域彻底抽离。在这一过程中，贝莱德不仅展现了其在 ESG 领域的领导力，而且也表明了其对可持续投资未来发展的坚定承诺。

同样，贝莱德的另类投资业务也跟随这一战略，不再对那些动力煤业务收入占比超过 25% 的企业进行任何形式的直接投资。这进一步凸显了贝莱德在降低投资组合 ESG 风险方面的决心和行动力。

上述案例充分说明，投资者需要做好充分的退出准备，并持续关注和研究 ESG 领域的动态。只有这样，他们才能够在不断变化的市场环境中保持清醒的头脑和稳健的投资策略。

12.3 终极目标：实现可持续增值

回报可持续，才具有巨大吸引力，投后管理的终极目标是实现可持续增值。而企业是否具有可持续性因子至关重要，这包括良好的治理结构、创新能力、对环境和社会的责任担当等。衡量企业能否可持续增值，需要有效的工具，如综合评估体系、长期财务指标等。这些工具能帮助投资者准确判断企业的可持续发展潜力和增值空间。

12.3.1　回报可持续才有吸引力

企业的发展并非一蹴而就，而是一个持续的过程。只有通过有效的投后管理，才能不断挖掘企业的潜力，推动其实现持续进步。可持续增值不仅是财务数字上的增长，更是企业核心竞争力的提升、市场地位的巩固以及长期发展潜力的激发。

短期的高回报可能会让投资者眼前一亮，但如果缺乏持续性，就如同昙花一现，难以给投资者带来真正的安全感和满足感。持续性的回报意味着企业拥有稳定的盈利模式、良好的运营机制和适应市场变化的能力。这样的企业能够在不同的市场环境和经济周期中都保持活力，为投资者创造源源不断的价值。

那些积极采取环保措施、致力于降低碳排放和资源消耗的企业，在长期发展中面临的政策风险相对较小。例如，新能源领域的企业在全球能源转型的大趋势下，有着广阔的市场前景。如果它们能够不断创新技术、提高能源转化效率，其业绩就有望持续增长，从而为投资者带来稳健的回报。

关注员工福利、积极参与公益事业的企业往往能够在社会上树立良好的品牌形象。消费者更倾向于选择具有社会责任感的品牌，这无疑有助于企业扩大市场份额。例如，一些企业在教育、医疗等社会公益领域投入大量资源，不仅回馈了社会，还增强了自身的社会影响力。从投资者的角度来看，这样的企业在长期发展中更容易获得消费者的认可和忠诚，其盈利能力会持续提升，投资者能够获得可持续的投资回报。

完善的内部治理结构、透明的信息披露机制可以降低企业的运营风险。当企业的管理层能够高效决策、合理配置资源，并且避免内部腐败和管理混乱等问题时，企业的稳定性和竞争力都会得到增强。对于投资者而言，投资治理良好的企业，就相当于给自己的资产上了一道"保险"，其回报的可持续性更有保障。

投资者追求的并非短期利益，而是期待 ESG 投资能够真正实现回报的可持续增值。企业只有在环境、社会和治理这三个维度都能够获取源源不断的发展动力，业绩不断提升，ESG 投资所带来的回报才具有可持续性，对投资者才更具吸引力。

12.3.2 思考：企业有可持续性因子吗

可持续性因子如同企业的生命线，贯穿其发展的始终。一个具备可持续性因子的企业，就拥有坚实的根基和无尽的动力源泉。

一个重要的可持续性因子是企业的战略眼光。具有前瞻性和适应性的战略规划，能够引领企业在风云变幻的市场中找准方向，不断拓展新的领域和机会。

创新能力也是关键的可持续性因子之一。在当今快速发展的时代，唯有持续创新的企业才能保持活力和竞争力。无论是产品创新、技术创新还是管理创新，都能为企业注入新的生命力。例如，一些科技企业不断推陈出新，研发出引领潮流的产品和技术，从而占据大量市场份额，实现可持续的增值。

优秀的管理团队是推动企业实现可持续发展的一个重要因子。一个富有智慧、团结协作且具备强大执行力的管理团队，能够高效地调配资源，做出明智的决策，带领企业克服重重困难。优秀的管理团队懂得如何在不同阶段制定合适的策略，激发员工的积极性和创造力，确保企业的稳定运行和持续发展。

此外，企业的社会责任意识也是一个重要的可持续性因子。积极履行社会责任的企业，能够赢得社会各界的认可和支持，提升企业形象和声誉。这不仅有助于企业拓展市场和客户群体，还能增强员工的归属感和忠诚度，为企业创造良好的发展环境。

投后管理的终极目标——可持续增值的实现，高度依赖于企业是否具备可持续性因子。投资者应充分认识到这一点，通过专业的管理和积极的行动，助力企业培育和强化可持续性因子，为企业的长期稳定发展保驾护航。

12.3.3 可持续增值的衡量工具

想要衡量 ESG 投资能否实现可持续增值，全面而有效的工具必不可少。这些工具，如精心设计的综合评估体系、详尽的长期财务指标，为投资者揭示了企业

第 12 章
投后管理与增值：打开复利大门

未来发展的潜力和增值空间。

衡量 ESG 投资能否实现可持续增值并非易事，它需要综合考虑多方面因素。其中，综合评估体系是关键的工具之一，如表 12-1 所示。

表 12-1 综合评估体系模板

维度	评估内容
环境维度（E）	1. 是否采取有效的环境保护措施，如减少碳排放、资源循环利用等； 2. 产品的环境影响，包括碳排放量、资源消耗等； 3. 是否获得相关环境认证或达到特定环保标准
社会维度（S）	1. 在社会方面的表现，如员工福利、社区参与、产品安全性等； 2. 是否遵循相关法规和道德标准； 3. 如何通过业务活动促进社会发展和改善
治理维度（G）	1. 治理结构，包括董事会组成、内部控制等； 2. 透明度和信息披露政策，以及是否及时、准确披露相关信息； 3. 如何处理利益相关者关系，如股东、员工、供应商等

通过对企业在环境、社会和治理层面的表现进行全面、系统的评估，投资者能够深入了解企业的整体表现和潜在风险。

长期财务指标也是衡量企业能否实现可持续增值的一个有效工具。不同于传统的短期财务指标，长期财务指标注重企业的长期盈利能力和稳定性。例如，企业的长期资产回报率、可持续增长率等指标能够反映出企业在可持续发展道路上的财务健康状况和增值潜力。

例如，一家注重研发投入、具有良好创新能力的企业，可能在短期内财务表现并不突出，但从长期来看，却有着巨大的增值空间。

此外，还有一些其他工具也能发挥重要作用。例如，对企业供应链的分析，可以帮助投资者了解企业在上下游合作中的可持续性表现；社会影响力评估工具，能够衡量企业对社会产生的积极或消极影响。

投资者拥有了这些有效的衡量工具，就如同拥有了一双慧眼，能够更加准确地判断企业的可持续发展潜力和增值空间。它们帮助投资者在众多投资选择中做出明智决策，确保投资者的投资既符合可持续发展的理念，又能实现良好的经济回报。

对于 ESG 投资而言，可持续增值的衡量至关重要，而综合评估体系、长期财务指标等工具则是实现这一目标的有力保障。只有充分利用这些工具，投资者才能在 ESG 投资中取得更好的成果。